염주의 역사와 수행 이야기

염주의
역사와
수행 이야기

태경 지음

조계종
출판사

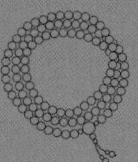

서문

염주에 관한 이 책은 여러 인연으로 탄생하게 되었다.

첫째는 염주를 수행 삼아 만드는 노스님과의 만남에서 비롯되었다.

둘째는 포교 현장에서 염주 꿰기 행사를 진행하며 자주 일어나는 일 때문이다. 사찰에서는 다양한 염주알을 실에 꿰어 불자님의 손목에 걸어주는 행사를 자주 한다. 그런데 염주에 담긴 뜻을 함께 공감하지 못하고 불교 수행에 대한 깊은 이야기도 나누지 못하는 것이 현실이다.

셋째는 나 자신도 염주에 대해서 잘 알지 못한다는 것을 깨달았기 때문이다.

이후, 염주에 대한 자료를 미친 듯이 모았다. 염주에 관련된 경전을 찾아 번역하고, 문헌에서 염주 영험담과 염주 도상이 담긴 불화를 찾았다. 인도·티베트·네팔불교 자료에서 염주에 관련된 도상과 설명을 찾았고 실제 염주를 만드는 과정도 사진으로 기록하였다.

이렇게 모은 자료들을 인도부터 한국까지, 불교가 전파된 시간 순서대로 배치하자 놀라운 사실이 드러났다. 염주경전들은 번역 시기에 따라 그 시대 유행하던 불교사상을 그대로 담아내고 있었다. 염주가 밀교의 의궤로 발전하면서, 점차 개념화되고 구체화되어 정교하게 발전하여온 것이었다.

처음에 염주는 부처님의 명호나 불법승 삼보를 칭명하는 횟수를 세는 수주(數珠)로 시작하였다. 칭명하는 염송(念誦)으로 번뇌를 멸하여 염천(焰天)에 태어나고자 하는 단순한 원(願)에서 출발한 것이었다. 그러다 점차 단(壇)을 만드는 과정에 반드시 사용해야 염송에도 공덕이 있게 된다는 뜻으로 변화하기 시작한다. 단에서 사용하기 위해 만들어진 염주의 상(相, 모습)은 청정함을 갖추어야 한다. 염주알의 재료가 되는 열매는 생산지의 방위와 위치에 따라 공덕이 다르게 나타난다. 염주알을 돌리는 횟수에 따라서도 공덕이 다르다. 보리자염주는 생명을 연장시킨다고 하여 보리수는 연명수(延命樹)라는 별명도 얻었다.

이처럼 염주의 기원부터 나라별로 염주가 어떤 의미를 지니고 있는지 살펴보았지만, 실제 내용 설명은 매우 생경한 단어들로 열거되어 있다. 염주와 관련이 있는 경전은 대부분 밀교의궤를 포함한 경우가 많으며, 또한 경문은 밀교 용어들로 나열되어 있다. 그러므로 밀교의례 용어를 알지 못하면 경전 전체가 이해되지 않는다.

한국 밀교에서 쓰는 용어는 밀교학에서 쓰는 용어와 약간 다른 개념인 경우가 있다. 예를 들어 사찰에서 삼단(三壇), 즉 상·중·하단이라고 할 때 밀교의궤의 삼부(三部)의 개념과 유사하지만 두 개의 개념은 전혀 다르다. 인도 밀교에서 네팔·티베트로 전파된 후기 밀교는 중기 밀교에서부터 변용된 한국 밀교와 다를 수밖에 없다. 후기 밀교는 밀교의 소의경전인 『금강정경』을 통해 3부(部, 불부·연화부·금강부)에서 5부(部, 3부+갈마부·보부)로 완성하지만, 대체적으로 한국 밀교는 3부의 개념에서 멈추고 있기 때문이다. 중기 밀교에 속하는 『대일경』과 『금강정경』은 매우 이른 시기부터 한국에 소개되었다. 하지만 경문에 녹아 있던 후기 밀교적 용어를 어떻게 이해하고 설명해야 하는가는 언제나 한국불교의 큰 과제였다. 이

문제를 설명하는 과정은 한국적인 불교를 탄생시킨다. 그래서 한국 밀교와 다른 나라의 밀교를 비교할 때, 이 고유성으로 인하여 같은 용어를 사용한다고 해도 내용은 달라진다. 이것이 한국불교의 고유성이다. 불교인은 항상 이 점을 유념해야 한다. 그렇지 않으면, 본의 아니게 종종 엉뚱한 이야기를 하는 결과를 초래한다.

염주에 대해 다루는 어려운 경문 내용을 한마디로 정리해보자.

밀교에서 비로자나불은 다양한 모습으로 바꾸어 나타나며, 그 목적은 중생에게 가까이 다가가서 중생을 바로 해탈시키려는 것이다. 그래서 비로자나불은 3부(部)나 5부로 변현(變現)하며, 명왕(明王) 또는 불모(佛母)와 하나가 되어 즉신성불로 나아간다. 유가의 관상(觀想)으로 심일경성(心一境性)을 성취하는 것이다. 시간이 흐르며 쌓이는 경전의 번역은 내용을 풍부하게 만들었다. 결국 염주의 수행 내용과 염주를 만드는 모든 과정도 소개된다. 이것은 염주의 밀교의궤가 완성되었음을 보여주는 모습이다. 한국불교에서 염주는 한 걸음 더 나아가 고려불화 속에서 수월관음의 지물로 상징의 완성을 보여준다. 한국불교의 고유성뿐만 아니라 한국불화의 우수성이라고

할 수 있다.

한국불교의 고유성을 드러내는 염주의 뜻은 어느 비구니 노스님의 염주 제작에도 오롯이 담겨 있다. 마산 무학산 도솔암에서 전통방법으로 제작하는 전 과정을 사진에 담아 설명을 붙여놓았다. 도량에서 자라는 보리수를 보호하고, 보리수 열매를 수확하고, 돌절구를 이용하여 잘 다듬고, 일일이 구멍을 뚫고, 붉은 실을 꿰어 완성하는 과정이다. 이 전 과정은 의궤 속에서 진행되고 있다.

이 책은 경전을 통해 염주에 담긴 뜻을 설명하고, 의궤를 통해서 수행 방법을 보여주고, 제작과정을 통해서 실제 만드는 모습도 보여준다. 염주에 관한 모든 것을 드러냈다고 생각한다.

이제 모든 불자들이 바른 염주로 염불관상 수행을 통해서 성불의 길로 나아갈 수 있기를 희망한다.

불기 2569년(2025년 을사해) 9월
태경 합장

차례

서문 … 5

일러두기 … 12

1. 우리는 염주를 얼마나 알고 있나 … 13
2. 관상법(觀想法)으로 염주경전 읽기 … 16
3. 수행자의 생활필수품인 염주

    염주의 기원은 말라(mālā, 鬘) … 24

    수행자의 도구(道具)인 수주(數珠) … 25

4. 염주는 어떤 의미인가

    인도에서는 신들의 상징물 … 34

    네팔에서는 관자재보살 … 45

    티베트에서는 아미타불 … 54

5. 목환자수주는 염천(焰天)에 태어나게 한다 … 60
6. 정토왕생하는 수주의 모양[相] … 67
7. 연명(延命)하는 보리수염주의 공덕 … 91

8. 변현(變現)하는 금강수보살의 명왕(明王) … 100

9. 수주를 만드는 의궤 … 117

10. 존나보살의 상징인 <고려수월관음도>의 염주 … 135

11. 무학산 노스님의 염주 만들기

    보리수나무를 도솔암으로 옮긴 이야기 … 152

    염주 만드는 모습 … 157

미주 … 164

참고문헌 … 165

부록 - 경전 원문 … 168

일러두기

용어: 본 책은 여러 경전과 도판을 활용하고 있으며 원문을 살리기 위해 용어를 통일하지 않았다. 예) '관음'과 '관세음'을 혼용함.

출전: 독자의 편리를 위해 인용하는 부분을 가능한 한 본문 내용으로 처리하였다. 그리고 출전과 인용한 자료는 '참고문헌'에 정리하였다. 특히 『The Indian Buddhist Iconography』, 『Tibetan Buddhist Symbols』, 『曼茶羅의 神들』에서 번역, 인용한 내용은 출처를 밝히지 않았다.

번역: 원문은 전문 번역을 원칙으로 하였으며, 부록에 경전 원문을 실어 강의에 활용할 수 있도록 하였다.

1 우리는 염주를
   얼마나 알고 있나

염주(念珠)는 우리에게 많은 전설과 수행 이야기를 전한다. 종교와 인연이 없어도 현대인은 손목에 염주 하나 정도는 장식품으로 차고 있다. 꼭 불자가 아니더라도 다양한 단주 모양의 팔찌를 한 모습도 자주 볼 수 있다. 사찰 도량에 보리수나무를 심어놓은 곳도 심심치 않게 눈에 띈다. 보리수나무가 부처님을 상징하기도 하지만, 열매를 얻기 위한 목적도 있을 것이다. 사찰 용품점에 들어가면 더 많은 염주들이 넓은 공간을 차지하고 있다.

의상(義湘, 625-702) 스님은 홍련암으로 잘 알려진 낙산(洛山)에서 기도하여 수정염주를 얻었다는 이야기가 전한다. 또 〈고려수월관음도〉를 보면 큰 동굴 위 대나무를 배경으로 그려진 관음보살이 붉은 줄로 꿴 수정염주를 들고 있다. 불교미술의 백미로 불리는 〈고려수월관음도〉 속 관음보살의 수정염주는 수월관음도의 특징이다. 불화를 감상하는 이들은 그림의 주인공인 관음보살에만 집중하고 주위를 두루 살펴보지 않기 때문에 이 염주가 눈에 들어오지 않을 뿐이다.

『선원청규』에서도 염주는 몸[身]이 도(道)에 나아가는 데 밑천이 될 수 있는 도구(道具) 중에 하나라고 언급한다. 염주는 수행자가 일상생활에서 반드시 지니는 생활도구[資具]인 것이다. 조선 말기인 1800년대에 제작된 〈목환자경도(木槵子經圖)〉를 보면 경전의 주제인 염주를 그리고, 그림 안에 경전 문구를 써놓은 것을 볼 수 있다. 이는 글을 모르는 이에게도 의미를 전하려고 노력한 모습이다.

염주는 그 자체로 진언을 염송하는 횟수를 세기 위한 도구라는 기본적인 뜻이 있다. 나아가 염주를 바르게 사용하는 것에도 공덕이 있다. 그래서 염주알의 재료인 구슬을 선택할 때도 의궤에 맞게 선택해야 한다. 바른 수행이란 단(壇)의 성격에 따라 진언을 염송할 때 염주를 수주(數珠)로 사용하고 관상(觀想)을 해야 하는 것이며, 그렇게 해야 불사(佛事)의 공덕도 있게 된다.

이처럼 염주는 바른 염불관상을 위한 수행 도구이다. 그런데 우리는 경전의 내용과 수행 도구로서의 염주에 대해, 또 염주에 담긴 이야기와 역사에 대해 과연 얼마나 알고 있을까? 한발 나아가 우리는 염주를 어떻게 만들어야 하는지, 염주에 어떤 의미가 담겨 있는지, 염주를 어떻게 사용해야 하는지에 대해서 얼마나 알고 있을까?

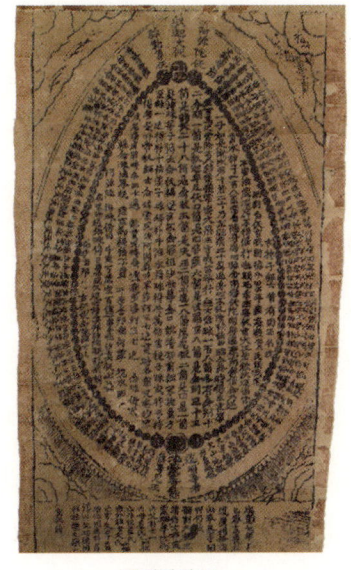

〈목환자경도〉

출처: 〈목환자경도〉 봉은사 함풍 7년(1857) 개판 / 동국대학교 불교기록문화유산 아카이브

2 | 관상법(觀想法)으로
   염주경전 읽기

　　염주와 관련된 경전들은 대부분 팔만대장경으로 불리는 해인사 재조대장경(1236-1251)에 입장되어 있어, 고려에 유통되었던 경전류임을 확인할 수 있다. 대장경에 입장된 경전들은 한역된 시기의 간격이 크기 때문에 내용과 염주를 사용하는 수행법도 조금씩 변화한다.

　　420년에 한역한 『불설목환자경』으로부터 법현(法賢)이 989년에 한역한 『불설지명장유가대교존나보살대명성취의궤경』까지 약 600여 년간에 걸쳐 번역되었다. 범어로 된 원본을 다른 사람이 다시 번역한 이역도 있고, 큰 경전에서 한 부분만을 취해서 독립시켜 번역한 것도 있다. 그래서 염주와 관련된 경전을 바르게 이해하려고 할 때 고려해야 할 사항

이 많다. 이 경전이 언제 번역되었는지, 번역될 당시의 사회는 어떠하였는지를 반드시 알 필요가 있다. 그 시대의 배경과 사상의 성격이 무엇인지를 먼저 아는 것이 경전을 이해하는 지름길이다. 불교사상이 어떻게 변화하는지를 알고 경전을 이해하면, 염주신앙에 바르게 접근하고 염주의 쓰임새를 정확하게 설명할 수 있다.

경전 속에서 염주는 기본적으로 관상염불(觀想念佛)의 도구로 쓰인다. 현재 한국불교에서 일반적으로 생각하는 제한된 개념의 단순한 칭념염불의 도구가 아니다. 처음 염주는 불법승 삼보를 칭명하며 횟수를 세는 수주(數珠)로, 번뇌를 깨부수는 도구였다. 그러나 염주경전의 전개 과정을 보면 철저한 관상염불의 실천행을 요구한다.

관상(觀想)이란 입으로 칭념하는 것은 물론 마음속[心]에 불(佛)의 모습을 띄워 올려서, 소리와 마음과 띄워 올린 모습이 하나가 되는 것을 살피는 것[觀]을 말한다. 그리고 그 하나 된 모습으로 보살행을 행해야 한다. 이는 칭념을 뛰어넘는 보살행의 실천이다. 한국불교에서 보살행이 실천행으로 나타나는 특징은 더욱 발달하여 아미타사상의 정점을 이룬다. 불(佛)과 중생이 하나인 실천행의 모습은 다시 보살과 명왕(明

王)으로 변화하여 나타난다. 불(佛)과 보살이 변현(變現)한 명왕이며, 그 기저에는 밀교 색채가 짙게 깔려 있다. 중국·티베트·일본 밀교와 다른 변현과 해석 방법은 한국에서 명왕신앙으로 잘 이해받지 못하고 있다. 한국불교 속에서는 현실적으로 이해하기 어려운 문제다. 그래서 이 책에서는 염주 관련 경전을 번역 시기를 기준으로 소의경전부터 순서대로 배열하여 경전 내용을 설명하였다. 불교사상이 어떻게 미묘하게 변화하고 있는가를 보여주기 위함이다. 경전의 내용과 사상의 변화를 이해하는 것이 곧 관상염불에서 염주 사용법을 아는 것이 되기 때문이다. 염주의 사용법을 바르게 아는 것은 곧 염주를 바른 수행법으로 사용할 수 있다는 뜻이다.

이 책은 다양한 경전 내용을 다루고 있으며 총 11장으로 구성되어 있다. 이해를 돕고자 경전의 종류, 염주의 재료와 알의 개수, 고려불화의 염주 이야기, 전통적으로 염주 만드는 법 등 크게 4가지로 묶어서 정리하면 다음과 같다.

첫째, 본문에서 다루는 염주 관련 경전의 종류는 다음과 같다.

염주의 가장 기본적인 소의경전은 『불설목환자경』이다.

420년에 한역된 이 경전에는 염주가 번뇌를 끊기 위해 불법승 삼보의 이름을 부르는 횟수를 세는 도구라고 적고 있다.

『불설다라니집경』에서는 염주 사용법을 작수주법(作數珠法)이라고 한다. 단(壇)을 건립할 때, 여기에 많은 불과 보살을 그림으로 그려서 모셔야 하며, 불·보살을 그리는 동안 염주를 이용하여 끊어짐 없이 염송하고 호지해야 한다. 그래서 그림을 그리는 법[畫像法]에서 염주 사용하는 법을 작수주법(作數珠法)이라고 말한 것이다.

『불설교량수주공덕경』에서는 염주를 사용하여 염송하면 중생의 목숨을 연장하는 공덕이 있다고 한다.

공양차제법으로 구성되어 있는 『소실지갈라경』은 3부(部) '공양의 법'에서 염주의 사용을 설명한다. 3부는 불부·금강부·연화부이며, 염송·진언·수인을 매우 구체적으로 설명한다. 그리고 염주의 재료에 따라 공양하는 부(部)가 다르게 나타난다.

『금강정유가염주경』에서 염주는 금강정으로 상징되는 심일경성(心一境性)의 유가행법에 필요한 도구이다. 이때 경전은 3부로 구성되어 있지 않고, 3부에 보부·갈마부를 더한 5부로 구성되어 있다. 그리고 5부의 단(壇) 성격에 따라 염주의 쓰임이 정해진다. 그리고 공덕도 다르게 나타난다.

『대방광보살장문수사리근본의궤경』 수주의칙품에서 수주는 의칙(儀則)에 따라서 선택된 재료로 만들어야 한다고 한다. 염주알이 되는 열매를 채취하는 식물도 의궤에 따라 행해진 조건에 부합해야 한다. 식물에서 생산되는 모든 열매가 가능한 것이 아니라 가장 좋은 것으로 흠결이 없어야 한다.

『불설지명장유가대교존나보살대명성취의궤경』에서 염주는 모래가 있는 바닷가 언덕에서 진언행자가 존나보살의 대명법을 지송하는 도구이다. 그 결과 비로자나불의 현신으로 나타나는 관음보살이나 금강수보살을 친견하는 경애법(敬愛法)의 징표로 나타난다. 대부분의 경전은 진언염송을 위주로 하는 초·중기 밀교계열에 속해 있다. 그런데 이 경전은 좀 더 강화된 밀교의궤를 보인다. 염주는 진언염송을 하기 위해서 반드시 필요한 도구이며, 관음보살을 친견하기 위한 수행법의 도구로 전개된다.

둘째, 5~9장은 염주의 재료와 알의 개수를 다루며 경전의 의궤 종류에 따라 사용하는 염주 재료도 달라진다는 내용을 담고 있다. 그리고 각 나라마다 염주에 대한 해석을 조금씩 다르게 하기도 한다.

염주의 재료로는 목환자, 자거, 철, 숙동, 수정, 진주, 제석자, 금강자, 연자, 보리자, 다라수자, 흙, 나선(螺旋), 아(牙), 적주(赤珠), 율무, 풀 등을 쏠 수 있다. 수행자에게 가장 좋은 염주는 보리수와 수정으로 만든 수주(數珠)이다. 염주알의 개수는 1,080, 108, 54, 27, 21개 등으로 할 수 있으며, 표준으로는 108개가 가장 좋다. 별도로 10개의 알로 된 기자(記子)염주도 있다. 이 염주는 갖추어진 염주를 한 바퀴 돌릴 때마다 한 개씩 수를 더하여 가기 때문에 큰 숫자를 세며 염송할 수 있도록 고안된 것이다.

염주는 부분 부분마다 이름과 상징이 있다. 모주(母珠)는 아미타불, 염주알은 중생의 번뇌를 끊는다는 의미로서 관음보살을 나타낸다. 염주알을 꿴 실은 보살의 무한한 수행을 나타낸다. 염주를 돌리는 삼밀수행은 기본적으로는 관음보살의 자비행이며, 비로자나불의 화현을 나타내고, 명왕의 조복으로 수행자는 원을 이루게 되는 상징이다.

셋째는 10장에서 다루는 고려불화에 나타나는 염주 이야기이다.

〈고려수월관음도〉에도 관음보살의 화현으로 염주를 그려 넣었다. 『삼국유사』 낙산이대성 이야기는 의상 스님의 발원으로 시작한다. 이 이야기의 2성인은 관음(觀音)과 정취(正

聚)보살이며, 보살의 현현은 염주와 여의보주로 보여준다. 의상은 용천과 팔부의 시종에 이끌리어 동굴로 들어간다. 그리고 발원은 2대의 대나무로 상징되어 원의 성취를 이룬다. 수정염주와 여의보주를 매개로 관음보살을 친견하는 모습은 수월관음도를 통해서 염주 수행의 모습으로 드러난다. 염주는 번뇌를 끊는 수단으로 쓰이는 불구(佛具)로 시작하여 관법 수행의 도구로 전개되고 있다. 〈고려수월관음도〉의 수정염주는 보현행을 상징하는 비로자나불의 법신 화현으로 볼 수 있는 친밀성을 가진다. 존나보살대명법의 경애법과 낙산이 대성을 적극적으로 수용한 것이 〈고려수월관음도〉이다. 특히 청조(青鳥)의 도상을 수용한 점에서는 더욱 분명해진다. 한국의 염주는 고려와 조선을 이어주는 관음수행의 요소가 되고 있으며, 염주를 통해서 관음신앙은 고유한 한국의 불교문화전통으로 살아 있다고 하겠다.

넷째, 11장에서는 현재 마산 도솔암에서 전해오는 전통적인 보리수염주의 제작 과정을 소개한다.

위와 같은 내용이 한국불교 염주신앙에 대한 개설이라고 할 수 있다.

한국의 염주신앙은 한국에서 단독으로 발전한 것이 아니라 멀리 인도에서부터 발아했음을 알 수 있다. 불교의례 또는 의궤는 인도인의 내면에 내재되어 있던 힌두 요소에 영향을 받았다. 이것을 밀교라고 부르는데, 힌두 옷을 입은 불교를 말한다. 밀교의 의례나 의궤에서 힌두의 성격이 어떻게 드러나는지 알아보는 것은 한국의 염주신앙 전체를 이해하는 첫걸음이다. 그리고 중국에서 염주경전류들을 번역할 때, 인도의 염주를 어떻게 녹여냈는지 알아보는 것도 한국 염주신앙의 본래 모습을 아는 또 다른 지름길이다.

또 참고할 수 있는 것은 인도 밀교의 원형이 보존되어 있고 한국 밀교의 원형을 추정할 수 있는 네팔불교이다. 의외로 네팔불교의 요소가 한국의 불교의례에 숨어 있는 경우가 종종 있다. 한국에서 염주의 쓰임 그 자체를 아는 것도 중요하지만, 인도·중국·네팔·티베트불교를 이해한다면 오히려 한국불교의 고유성 및 특수성을 좀 더 잘 비교할 수 있게 될 것이다.

3 | 수행자의 생활필수품인 염주

염주의 기원은 말라(mālā, 鬘)

염주는 일정한 개수의 낱알을 실에 꿰어서 수를 셀 수 있도록 만든 것이며, 범어로는 말라(mālā)라고 한다. 이 mālā는 wreath 또는 garland, crown, a string of beads, necklace, rosary 등의 의미이며, 한역에서는 '풍요롭다', '만(鬘)' 또는 '염주' 등으로 해석한다. 인도 사람들은 고대부터 영락 장식으로 몸을 감싸는 풍습이 있었다. 그래서 만(鬘)은 조화로 꾸민 머리 장식을 뜻하게 되었다. 몸을 둘러싼 풍요로움이 널리 변해서 이루어진다고 하여 염주(念珠)라고 부르게 되었던 것이다.

모니에르 윌리엄스 산스크리트 사전(Monier Williams

Sanskrit-English Dictionary, 1899)에 의하면, 염주의 어원은 pāṣaka-mālā, akṣa-mālā, japa-mālā, akṣa-sūtra 등에서 찾아진다. mālā는 '만(鬘)'의 뜻이며, 조화로 꾸민 머리 장식을 의미했다. pāṣaka는 'an ornament for the feet'의 뜻이며 발색막(鉢塞莫)으로 읽고, 수를 센다는 의미인 수주(數珠)로 번역하였다. japa는 'muttering prayers'의 뜻으로 기도할 때 센다는 것이니, 즉 '염송(念誦)하는 만(鬘)'이란 뜻이다. akṣa는 'axal' 또는 'wheel'의 뜻이며, 아차마라(阿叉摩羅)로 읽고, 주만(珠鬘)으로 번역하였으며 구슬 장식이란 뜻으로 쓰였다. 또 akṣa-sūtra에서 sūtra는 실로 엮었다는 뜻이니 염주경전으로 번역하였다.

이렇게 염주의 어원과 의미는 다양하다. 하지만 한역에서는 대부분 수주 또는 염주로 번역하였기 때문에 '수를 세다'라는 뜻에는 변화가 없다. 의궤를 따라야 하는 밀교경전에서 수를 세는 것은 곧 구슬[珠]을 염(念)하는 것으로 인식하며, 매우 중요한 수행법으로 간주하게 된다. 구슬의 재료, 구슬알의 개수, 만드는 방법 등에도 많은 의미를 부여했다.

수행자의 도구(道具)인 수주(數珠)

한국불교는 간화선을 수행법으로 하고 있어 화두를 참

구하는 참선을 매우 중요하게 여긴다. 그래서 참선수행을 출가자의 본분사(本分事)로 생각한다. 출가자가 수행할 때 반드시 지니는 도구(道具)가 있다. 수행에 도움을 주는 물건들로 불법을 상징하는 불구(佛具)와 일상생활에 필요한 생활용품인 자구(資具)이다. 불구는 의례나 의궤에 필요한 상징물이다. 금강저, 요령, 홍고, 대종, 목탁, 불화, 염주 등이 여기에 속한다. 자구는 일상생활에 필요한 생활용품으로 삭발할 때나 물을 마실 때 필요한 수건, 거름망[漉水囊] 등이다. 그러나 율장이나 청규에서는 불구와 자구를 명확하게 구분하여 사용하지는 않는다.

부처님은 의식주를 해결하는 가장 기본적인 도구로 삼의일발(三衣一鉢)을 정했다. 이 도구는 불구인 동시에 자구라고 할 수 있다. 발우는 1개이면 족하고, 옷은 하의와 상의 그리고 추울 때 추위를 막을 수 있도록 하나를 더 허가한 것이다. 『십송율』의 비구6물(比丘六物)[미주1, 164쪽]이나 의정(義淨, 635-713)의 율장에 보이는 비구13자구(比丘十三資具)[미주2, 164쪽]에서 다양한 도구를 확인할 수 있다. 때로는 비축을 허가한 물건도 찾을 수 있다.

불교는 시간이 지나며 인도에서 다른 지역으로 전파된

다. 여러 지역으로 흘러간 불교는 도착한 곳의 환경에 적응하기 위해 특수성을 받아들인다. 가장 큰 변화가 일어난 곳은 중국이다. 변화의 가장 큰 원인은 식생활로, 탁발 생활에서 정주 생활로 변화한 데서 발생하였다. 대가족 단위의 농경사회가 사회의 근간이었던 중국문화는 탁발문화를 새롭게 해석하기 시작하며 중국의 독특한 불교를 만들어낸다. 선종의 등장이다.

삼의일발은 정주생활로 변화하며 허가했던 자구의 수를 점점 늘려갔다. 자급자족을 원칙으로 운영하던 승가가 정주생활에 필요한 생활용품을 적극적으로 수용한 결과이다. 인도와는 전혀 다른 기후와 풍습, 그리고 의식주 양식에서 발생하는 다른 현상들을 어쩔 수 없이 인정하고 선택하여 수용하였기 때문이다. 늘어나는 자구의 내용과 종류는 선원청규에 그대로 담긴다. 주수(珠數)가 그중에 하나이다.

북송(北宋, 960-1127)기에 들어서며, 선종의 생활규범인 청규(淸規)가 완성되었다. 그리고 출가자가 꼭 알아야 하고 몸에 지녀야 할 행동규범은 도성(道誠, ?-?)의 『석씨요람』(1019)으로 정리되었다. 반드시 열람해야 한다고 한 이 책은 청규라기보다는 입문하는 자가 몸에 익혀야 할 행동 양식의 규범이다. 석씨 계보(系譜)에서 시작하며 송종(送終), 즉 다비법으로 끝을 맺고 있기 때문이다.

도구편(道具篇)에서는 '쌓아놓은 물건은 몸이 도(道)로 나아가는 데 도움이 되는 것으로 선법을 증장시키는 데 온전해야 한다.'고 도구를 설명한다. 도구로는 비구의 6물을 소개하고, 총 23여 가지를 부가적으로 설명하고 있다.

생활도구인 석장(錫杖), 수주(數珠), 불자(拂子), 여의(如意), 수로(手爐), 주장(拄杖), 선(扇) 등이 수행을 돕는 도구(道具)로 인정받고 있다. 이 가운데 수주는 주수(珠數), 송주(誦珠), 주주(咒珠), 불주(佛珠)라고도 하며 염주(念珠)를 의미한다. 수주(數珠)는 비구가 지녀야 할 13종의 자구에 포함되어 있지 않았었다. 하지만 백장선사(百丈禪師, 749-814)의 청규에서부터 출가자가 매일 사용하는 자구(資具)로 규정하고 있다.

한국에 현존하는 가장 오래된 청규는 송광사본 종색(宗賾, ?-?)의 『중조보주선원청규』(1103)이다. 소참(小參) 법문에 "경전에 있는 주(呪)를 송할 때는 조용히 송해야 한다. 수주는 소리를 내서는 안 된다(經呪唯宜默誦 數珠不可有聲)."라고 하고 있어, 선종 사원에서 항상 사용하고 있음을 알 수 있다. 『석씨요람』은 한국불교의 수륙의문이나 다비작법 등을 설명할 때 자주 활용하고 있어 쓰임을 알 수 있다.

『**석씨요람**』(경전 원문: 168쪽 참조)

* 참조: 대정신수대장경 제54권 no.2127

도구편

『중아함경』에서 "쌓아놓은 물건은 몸이 도(道)로 나아가는 데 도움이 되는 것으로 선법을 증장시키는 데 온전해야 한다."고 말한다. ……
(생략)

수주

『모리만다라주경』에서 "범어로는 발새막(鉢塞莫)이고, 양(梁)나라에서는 수주(數珠)라고 한다. 이는 하근기가 해야 할 것[課]을 끌어당겨서 가까이 하기 위한 것이며, 해야 할 것을 하는 도구이다."라고 말한다.

○ 『목환자경』에서 다음과 같이 말한다.
"옛날 어떤 나라에 파유리라는 국왕이 있었다.
부처님께 말하였다. '나의 나라는 변방의 작은 나라여서, 매년 역병이 돌고 곡식이 귀해져 백성이 곤란하게 되어서, 나는 항상 불안합니다. 법장(法藏)이 깊고 넓다고 하는데 널리 행할 수가 없습니다. 오직 원하오니 법요(法要)를 드리워 보여주십시오.'
부처님께서 대왕에게 말하였다. '만약 번뇌를 멸하고 싶다면, 당연히 목환자 108개를 꿰어서 항상 몸 옆에 두고서 지심으로 나무 불타, 나무 달마, 나무 승가의 이름을 칭해라. 그리고 1개를 돌려라. 이와 같이 점차 하여, 10만에 이르고 능히 20만 편을 채우면, 몸과 마음이 어지럽지 않아 굽고 왜곡됨을 제거할 수 있다. 목숨을 다하면 불타의 염천에 태어난다. 만약 백만 편을 채우면, 108의 결업(結業, 번뇌)을 제거하고 항상 낙과(樂果)를 획득한다.'

왕이 말하기를 나는 항상 봉행하리라."

협주ㅣ 108결(結)이란 소승에서 견혹(見惑)과 수혹(修惑)을 합하여 논한 번뇌로 모두 108개가 있다. 견혹(見惑)은 삼계(三界)의 4제 아래에서는 번뇌가 모두 88개가 있음을 밝힌다. 말하자면, 고(苦)집 하에서는 일체, 즉 10사(使)를 갖추었으니, 탐(貪), 진(瞋), 치(癡), 만(慢), 의(疑), 신견(身見), 변견(邊見), 사견(邪見), 견취견(見取見), 계금취(戒禁取)이다. 집제와 멸제는 3견(見)을 여의는 것이다. 말하자면 집·멸 2제 하에서는 신견(身見), 변견(邊見), 계금취견(戒禁取見) 3견을 제한다. 도(道)는 2견을 제한다. 말하자면 도제에서 신견(身見), 변견(邊見) 2견을 제한다. 상계(上界)에서는 성냄[恚]을 행할 수 없으니, 상계 4제 하에서 화냄[瞋] 하나를 각각 제한다. 이상과 같이 삼계의 4제는 모두 88이다. 수도(修道, 修惑)는 끊어야 할 혹(惑)이 욕계에 4개가 있다. 말하자면 탐(貪), 진(瞋), 치(癡), 만(慢)이다. 상의 2계에서 진(瞋)을 제하면 모두 6개가 된다. 이 계산을 합하면 10이 된다. 계는 98개이다. 다시 10전(纏)을 가한다. 말하자면 무참(無慚), 무괴(無愧), 혼침(昏沈), 악작(惡作), 뇌(惱), 질(嫉), 도거(掉擧), 수면(睡眠), 분(忿), 복(覆)이다. 앞의 것을 모두 합하면 108개이다.

○ 『만수실리교량수주경』에서 간략히 하여 말한다.

'이 수주의 체[珠體]는 교량을 종종 같게 하지 않는다. 이에 환자를 1편을 끊어서 돌리면 복은 천 배를 얻고, 연자는 복을 만 배를 얻고, 수정은 복을 천억 배를 얻는다. 만약 보리자를 끊어 돌리거나 손에 잡고만 있어도 복은 무량을 얻는다.'

협주ㅣ 저 경에 설명하는 글이 널리 있다. 번잡하게 갖추어 기록하지 않는다.

『모리만다라주경』을 인용하여 염주를 범어로는 발새막(鉢塞莫)으로 읽는다고 하고, 수주(數珠)는 양(梁)나라에서 시작되었다고 밝힌다. 그리고 수주는 하근기가 몸에 가까이 하는 물건으로 항상 지니고 다녀야 할 도구이다. 중국 남북조시대에 강남에 건국되었던 양(梁)은 502년부터 557년까지 있었던 왕조이다. 양무제(梁武帝)는 백제와 긴밀한 관계를 유지하며, 특히 백제 무녕왕·성왕과 교류가 많았다. 『관세음응험기』에 의하면 백제의 승려 발정(發正, ?-?)은 양무제 때 양으로 건너가 30여 년 동안 수학하였다는 기록도 있다. 신라 왕 모진도 처음으로 양나라에 사신을 파견한다. 양무제의 『자비도량참법』을 독송하는 양황참기도법은 현재까지도 한국사찰의 수행법으로 널리 유행하고 있다.

『목환자경』을 인용하여 목환나무의 열매로 만들게 된 염주의 인연담을 소개한다. 수주는 번뇌를 깨부수기 위해서 사용하며, 염주알을 세는 공덕으로 염천에 나게 된다. 번뇌의 개수는 108종류이며, 그 수는 견혹(見惑)의 88사(使)와 수혹(修惑) 10가지, 10전(纏)을 모두 더한 108가지이다.

　　수혹은 견혹에 대칭되는 것으로 욕계는 탐(貪), 진(瞋), 치

(癡), 만(慢) 4개, 색계·무색계는 진(瞋)을 뺀 나머지, 즉 탐·치·만×2이니 6개가 된다. 욕계 4개이고 색계와 무색계가 6개이므로, 합하면 모두 10개가 된다. 견혹의 88사와 10수혹은 『구사론』을 중심으로 설명되고 있는 번뇌의 내용이며, 둘을 합하여 98수면(隨眠)이라고 한다. 견혹, 수혹, 수면, 전(纏)은 모두 번뇌란 뜻으로 쓰이며, 종파나 주석서에 따라 조금씩 다른 표현이 있어 조심해야 한다.

인용문에서 설명한 10사에서 생기는 88사, 10수혹, 10전의 관계를 표로 나타내면 다음과 같다.

삼계		사제	제(除)하는 것	界의使	총	번뇌
견혹 (見惑)	무색계	고제-9	瞋	28	88使	+10수혹 ⇒ 98수면 +10전 ⇒ 108번뇌
		집제-6	瞋 身 邊 戒 禁			
		멸제-6	瞋 身 邊 戒 禁			
		도제-7	瞋 身 邊			
	색계	고제-9	瞋	28		
		집제-6	瞋 身 邊 戒 禁			
		멸제-6	瞋 身 邊 戒 禁			
		도제-7	瞋 身 邊			
	욕계	고제-10	10使	32		
		집제-7	身 邊 戒 禁			
		멸제-7	身 邊 戒 禁			
		도제-8	身 邊			

『석씨요람』에서는 수주의 사용법에 대하여 하근기가 반드시 도구로 사용해야 한다고 한다. 여기서 하근기란 처음 불문에 들어서 막 시작하려고 하는 사람을 가리킨다. 도(道), 즉 부처님의 바른 법에 나아가기 위한 생활 도구로 염주가 반드시 필요하다는 것이다. 번뇌의 종류를 잘 알아서 하나하나 부수어 나아가야 함을 강조하기 위한 표현이다.

『만수실리교량수주경』을 인용하여서는 주체(珠體)를 갖춘 수주를 돌렸을 때 받는 복(福)의 양을 숫자로 보여주고 있다. 염주알의 재료에 따라서도 복의 양이 다르다는 것을 알 수 있다.

『석씨요람』에서는 염주에 관련된 다양한 경전을 인용하여 염주가 수행하는 데 필요하다는 것을 강조하고 있다.

4 | 염주는 어떤 의미인가

인도에서는 신들의 상징물

인도에서 힌두교는 고등종교와 민속종교·생활방식 등을 모두 포괄하는 종교이다. 힌두교에 나타나는 다양하고 부분적이며 모순으로 보이는 가르침은 수천 년간 인도 대륙의 문화를 투사한 모습이다.

기원전 약 500년경부터 아리안의 베다 안에서 브라흐만의 제의(祭儀)는 수많은 토착문화와 결합하며 새로운 힌두교를 탄생시켰다. 모순적이기도 하고 슬기롭기도 한 힌두교의 신화와 전설은 사제인 브라흐만이 우파니샤드 철학과 무속적인 요가를 뒤섞어서 만들어낸 결과이다. 인도에서 현재까지 힌두교가 불교보다 더 대중적인 종교로 인도인들의 생활방식에 남아 있는 이유이기도 하다. 그리고 이들의 신은 브라흐마·비슈누·시바의 삼현(三顯)으로 나타나며, 이는 우주를 지배하는 세 가지 원리(Guna)와 일치한다.

사제들은 자신이 숭배하는 신들의 우월성을 지니며 싸우지만, 자신의 숭배에서 다른 신들을 제외하지 않았다. 이들을 크게 3가지 종파로 나누어볼 수 있다. 아리안 이전의 민속신앙에 뿌리를 둔 비슈누 교도는 우주기에 따라 여러 가지 형태로 화현(化現)하는 비슈누를 최상의 절대신으로 여긴다. 시바 교도는 여러 가지 형상으로 나타나는 시바를 모든 존재의 최상의 권화(勸化)로 받든다. 밀교 교도인 샥따(Shakta)는 딴뜨리즘에 소속되어 있으며, 여성적인 것을 우주의 근원적 원리로 여긴다. 모든 존재는 최상의 행운 여신 마하락슈미로부터 현현한 것이고, 위대한 모신(母神) 두르가와 깔리로 화현한다고 한다. 대표적인 신화의 원천은 옛날이야기 책인 뿌라나에서 하늘·땅·지옥을 무대로 다루고 있다.

이전까지 불에 의존하던 브라흐만적인 제화(祭火)의례는 상징체계만 있을 뿐이었다. 민속신앙과 습합하면서 다루샤나(觀祭, Darshana)와 뿌자(Puja)가 힌두교 문화의 중심으로 부상한다. 뿌자는 관찰, 장식, 음식, 착의, 목욕, 기도, 신상, 사원, 성소의 순례 등으로 구성되어 있다. 인더스 문화와 베다시대의 아리안족은 태양과 불의 상징을 장례식 때 사용한 것으로 알려져 있다.

힌두교에서는 신의 상징을 하나하나 그림으로 나타내며, 신들을 치장하기 시작했다. 가장 큰 특징은 동물 등을 그려서 탈것을 나타내고, 옷과 몸을 장식하여 상징을 표현한 것이다. 머리에 관을 쓰거나, 머리 모양으로 나타내거나, 옷을 입거나, 제삼의 눈을 표기하거나, 성대(聖帶)를 걸치게 하였다. 또 발가벗은 형상에 디감바라(Digambara)라고 하는 하늘 옷을 입혔다. 장식물은 머리의 관과 띠, 귀걸이, 팔찌, 발찌, 목걸이, 허리 장식, 넓은 허리띠 등이다. 평화로운 형상에는 보석, 꽃, 화환 등으로 치장하고, 화내는 형상에는 뱀, 뼈다귀, 해골, 잘린 손 등으로 치장했다. 선인(仙人)이나 고행자의 장식물은 매듭, 결발, 성대(聖帶), 요가 밴드 등이다.

브라흐마는 힌두교의 창조신으로 고대 인도의 젊은이들을 형상화한 것이다. 상징으로 수염을 지니고, 결발관을 하고 있고, 4개의 팔과 황금빛 피부를 지니고 있고, 성대를 하였으며, 흰옷을 두르고, 염주를 들고, 검은 사슴 가죽을 걸치고 있다. 상징인 4개의 머리는 4가지 쌍히따(Samhita), 즉 4가지 정화를 나타내며, 4우주기의 시간과 사방의 공간을 나타낸다. 장신구는 제사의 신이며 성스러운 문헌의 수호신임을 나타낸다.

녹은 버터를 담는 제사 숟가락(shruk)
물을 붓는 제사 주전자 (Kamandalu)
베다 필사본인 책 또는 종려나무

출처: 『힌두교의 그림언어』(2008) p.92

비슈누신은 우주를 유지하고 지탱하는 빛과 선(善)을 나타낸다. 어깨에서 무릎까지 내려오는 숲의 화환[vanamala], 높은 왕관의 형태인 정발보관(頂髮寶冠, Kirta-Mukuta), 푸른색의 몸, 가슴의 보석[Shrivatas, 가슴의 卍字], 태양을 교란해서 생긴 보석[Kaustubha], 수레바퀴, 연꽃, 소라고동 등으로 장식한 모습이다.

시바신은 북동쪽 세계의 수호신으로 무한한 모양으로 현현하며 우주의 파괴자이다. 시바는 붉은색이란 뜻으로 아리안 이전의 드라비다어에서 유래하였다. 붉은색은 창조의 빛깔이지만, 동시에 공포와 '다 없애버리는 빛깔'이란 이중

수레바퀴(Cakra)　　소라고동(Shankha)　　곤봉(Gada)　　연꽃(Padma)

출처: 『힌두교의 그림언어』(2008) p.110

적인 의미가 존재한다. 그래서 자애롭고 친절하다는 뜻도 지닌다. 불의 신 아그니(Agni)의 파괴적인 성격은 이마에 제삼의 눈을 가진 것에 잘 나타나 있다.

장식물: 성대 · 두관 · 염주

- 성대(聖帶)는 약뇨빠비타(Yajnopavita)라고 하는데, 힌두교의 상층인 부라흐만, 끄샤뜨리야, 바이시아의 학생들이 성전을 공부하기 위해 스승에게 지도를 받으러 들어갈 때 걸치는 것이다.
- 두관(頭冠)은 기원 전후 1세기의 표현양식으로 페르시아산조 스타일의 모자, 두관, 머리띠를 착용하고 있다. 불교의 머리 장식도 이와 같다. 결발보관(Jata-Mukuta)은 브라흐마와 시바신을 위한 것이다. 절대자의 상징으로 초생달이 있으며, 이마에는 지혜의 눈과 3개의 횡선이 있다. 보석두관

성대(聖帶, Yajnopavita)
출처: 『힌두교의 그림언어』 (2008) p.60

(Kirita-Mukuta)은 비슈누신을 하늘나라의 왕으로 삼는 관이다. 소탑두관(Karanda-Mukuta)은 여신들을 위한 관이다. 결발화관[火冠, 분노존(Jatajvala)]은 파괴적인 형상을 상징한다. 두려움을 일으키는 외형이 특징이며 이마에 있는 지혜의 눈, 멧돼지의 송곳니, 해골, 뼈 등으로 장식한다.

브라흐마와 시바신의 결발보관(Jata-Mukuta)

비슈누신의 보석두관(Kirita-Mukuta)

여신을 위한 소탑두관(Karanda-Mukuta)

시바신의 결발화관[火冠, 분노존(Jatajvala)]

출처: 『힌두교의 그림언어』(2008) p.62

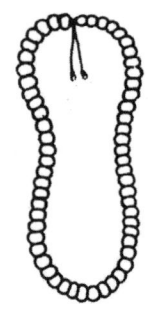

고행자의 소지품인 염주(Akshamala)
출처: 『힌두교의 그림언어』(2008) p.92

- 염주는 브라흐마신의 상징으로 나타난다. 4개의 머리를 가진 브라흐마신은 베다의 4종류의 쌍히따[本集]를 나타낸다. 시간적으로는 4우주기(四宇宙期)를 나타내며, 공간적으로는 4방향을 나타낸다. 장신구는 브라흐마신이 제신(祭神)인 것을 나타내고, 성스러운 문헌의 수호신으로 증거를 보여주는 것이다. 특히 염주는 고행자가 부착하는 물건이다. 50개의 염주알은 범어의 알파벳 숫자와 일치하고, 81개 또는 108개는 무한성의 상징이다.
- 또 염주는 브라흐마신의 첫 번째 비(妃)인 싸라쓰와띠(Sarasvati)의 지물로 나타난다. 강물의 여신이었으나 나중에 언어의 여신 박(Vac, 언어, 성스

헬리비드사원의 여러 지물을 든 싸라쓰와띠(Sarasvati). 왼손엔 코끼리 조련봉과 밧줄을, 오른손엔 염주를 들고 있다.
출처: 『힌두교의 그림언어』(2008) p.100

러운 말)과 동일시되었다. 힌두교의 학문·예술의 여신이며, 별칭으로 브라흐마니로도 불린다. 이 비는 아름답고 화려하게 치장한 여인상이며, 피부는 희고, 하나의 머리를 갖고 있으나 어머니신으로는 4개의 머리를 갖는 경우도 있다. 이마에는 제삼의 눈이 있고, 팔은 4개이며, 다양한 수인을 갖는다. 음악과 춤의 수호자로서 비파를 들고 있다. 범어와 데바나가리문자를 발명한 자로서 패엽경을 들고 있다. 브라흐마신에게 소속된 그녀는 제신 또는 창조신으로서 브라흐마신의 장신구인 성대, 단지, 염주, 연꽃 등으로 치장하고 있다.

- 또 염주는 영원한 시바로 불리며 시바신의 권현의 하나로 나타나는 싸다시바(Sadashiva)의 지물이다. 다섯 또는 일곱, 그 이상의 머리를 가진 형상들은 시바신의 우주와 보편적인 신임(信任)을 나타낸다. 다섯의 머리를 가진 시바신은 사방·중앙과 관련이 있으며, 서로 상이한 정서적인 분위기를 갖는다. 중앙의 얼굴은 이샤나라고 한다. 이 5개의 형상은 상키아 철학의 우주를 구성하는 5가지 요소를 상징한다. 대승불교는 5가지 요소의 자극을 받아 방위, 빛깔, 요소 등에 영향을 받는다. 불교에서는 7개의 상징으로도 나타난다.

오른손에 염주, 삼지창, 장구를 들고 있는 싸다시바(Sadashiva)
출처: 『힌두교의 그림언어』(2008) p.178

힌두교에서 염주는 언어를 창조한 브라흐마신과 브라흐마의 비를 나타내는 상징물로 쓰였다. 창조신인 브라흐마의 염주는 후에 일어나는 밀교 영향으로 보다 정교하게 체계를 가지며 발전한다. 힌두교의 영향은 인도불교에서 보리살타(Bodhisattva)나 관세음보살(Avalokiteśvara)의 변현으로 그 특징을 드러낸다. 선정불, 아미타불, 그리고 우주 에너지인 샤띠(Śakti)에서 보리살타로서 빛을 발할 때 나타난다. 대승불교의 판테온(Pantheon)에서 관세음보살은 매우 유명하다.

보리살타는 보리와 살타의 합성어이다. 보리(菩提, bodhi)는 깨달음[覺], 앎[智] 등의 넓은 의미이며, 세간의 번뇌를 끊었다는 뜻이다. 살타(薩埵, sattva)는 존재(存在), 태어남[生], 실재[實], 진실[眞], 선(善), 아름다움[美], 뛰어난 사람[賢] 등의 뜻을 갖고 있다.

기원 전후까지 불교교단은 비구 중심으로 형성되어 있었다. 그러나 시간이 지나며 교단 밖 여러 지역에서 재가불교도를 중심으로 단체가 형성되기 시작한다. 이들은 자기 자신을 스스로 보리살타라고 불렀다. 보살의 본래 뜻은 본생담에서 불타 이전의 전신(前身)을 가리키며, 불과(佛果)에 아직 이르지 못하고 수행 단계에 있는 상태를 가리켰다. 재가신도들은 스스로 부처의 가르침을 믿는 신심을 갖추고 있기 때문에 불타와 같이 성불하리라고 생각하였다. 그래서 미래에 성불하는 불타와 같은 전신으로 생각하여 스스로를 보살로 부르게 된 것이다.

이러한 보리살타의 개념은 밀교가 발전하며, 다양한 아발로끼떼스바라(Avalokiteśvara, 최고의 신)나 로께스바라(Lokeśvara, 세계의 신)의 변현으로 나타난다. 『사다나말아(Sādhanamala)』에서는 변현의 형태를 31가지로 설명하고 있다. 이 가운데 하나인 샤닥사리 로께스바라(Ṣaḍakṣarī Lokeśvara)는 염주를 상징물로 가지고 있다. 샤닥사리 로께스바라는 몸의 색(colour)은 흰색이고, 팔은 4개이며, 수인(手印)은 두 손을 맞대고 있는 안잘리(Añjali)이며, 상징물은 염주와 연꽃이다. 안

인도박물관의 샤닥사리 그룹(Ṣaḍakṣarī Group)
출처: 『The indian buddhist iconography』 (2008) p.43 PlateXVIII b

잘리 수인은 두 손을 맞대고 들어 올려서 가슴 앞에 놓는다. 존경과 경외 그리고 인사한다는 뜻을 나타낸다.

모하바의 심하나다(Simhanāda)

출처: 『The indian buddhist iconography』(2008) p.45 PlateⅩⅩ b

그리고 심하나다(Simhanāda)의 지물로도 나타난다. 심하나다의 몸 색은 흰색이고, 수행자세는 마하라잘리라(Mahā-rājalīlā)이며, 타는 것은 사자이며, 몸에 장식이 없는 것이 특징이다. 인도에서 이 관세음은 아주 대중적인 모습으로 되어 있다.

이와 같이 염주는 인도의 힌두교에서는 브라흐마신과 그의 비를 상징하는 장식물이었다. 인도불교에서 염주는 보리살타의 변현인 관세음보살의 지물로 나타난다.

네팔에서는 관자재보살

320년경 인도에서는 굽타(Gupta)왕조가 등장하여, 브라흐만교를 국교로 하고 브라흐만의 문예를 부흥시켰다. 이러한 상황으로 인하여 불교는 브라흐만교의 영향을 피하지 못하였다. 브라흐만교는 주술적인 요소가 강한 종교였다. 더욱이 승원 중심의 은둔적인 소승불교를 비판하며 등장한 대승불교는 브라흐만교뿐만 아니라 당시 농민들 사이에 번창했던 힌두교의 많은 신들을 수용하게 된다. 그리고 농민들 사이에 있었던 신들에 대한 기도 및 의식은 불교의 예술적인 성격과 결합하여 만다라(maṇḍala)미술 의례로 발전하게 된다.

농민들은 기도를 드리기 위해 신성한 장소에 흙으로 된 토단(土壇)을 쌓아 올리고, 호마작법(Homa作法)을 행했다. 이러한 힌두교 의식이 점차 불교로 수용된다. 만다라는 처음에 이 토단을 가리켰으나, 이후 점차 불·보살들을 모시는 그림으로 표현되었다. 그리고 그림을 대상으로 기도가 행해지며 의궤(儀軌)가 점차 정비되어갔다.

만다라는 단순히 교의적인 도상(圖像)이 아니라 시간적이며 공간적인 면을 넘어서는 표상이라고 할 수 있다. 또한 우주의 체험을 그림으로 나타내기 때문에 도상은 종교의례를 통해서 내면화하고 우주와 합일을 이루게 되는 작동원리를 가진다. 그래서 만다라는 살아 숨 쉬는 진리의 실천적인 면을 가지고 있는 것이다.

　이러한 불교가 전래된 네팔의 카투만두 분지에는 인도의 대승불교가 현재까지도 살아 숨 쉬고 있다. 네팔불교 속에 있는 수많은 불(佛), 보살, 여신(女神), 호법신 등은 불교판테온을 구성하며 성립되어갔다. 시간이 지나며 신들의 수도 늘고 신들의 형상도 도상화되었다. 그러나 인도에는 네팔불교만큼 판테온을 재구성할 만한 충분한 그림과 조형의 형상들이 남아 있지 않다. 네팔 분지의 불교는 인도에서 사라진 후기 밀교의 모습까지도 엿볼 수 있는 특징을 간직하고 있다. 네팔의 불교가 약간 변용되었다 하더라도 내용에 포함된 요소에는 한국불교를 엿볼 수 있는 유사점이 꽤 있다. 중국을 통해서 중기 밀교를 강하게 받아들인 한국불교에서 후기 밀교의 요소를 완전히 배제하기는 위험이 따른다. 후기 밀교를 직접 수용한 것이 아니더라도 중기 밀교에 내재되어 있던 후기 밀교의 요소는 수용방식을 달리하며 해석되고 있기 때문이다.

　인도에서 염주는 힌두교 수행자의 상징이며, 브라흐마와 그의 비 싸라스와띠를 상징하는 장식물이었다. 인도불교를 받아들인 네팔불교는 중생을 구제하기 위해 움직이는 보살의 모습에 집중한다. 불타가 되기 이전의 보살은 성불을 한 후에 설법을 위해 유행을 한다. 대승불교의 발달과 더불어 움직이던 불(佛)은 점차 움직이지 않는 존재가 되었다. 움직이지 않던 보살은 중생을 구제하기 위해 점차 다시 움직이기 시작한 것이다. 삼매를 통해서 염력(念力)으로 관자재 또는 관세음보살, 사리불 등이 서로 대화를 나누고, 그 힘으로 중생을 만나게 된다.

대표적인 관자재보살은 4개나 6개의 팔을 가진 변화관음이다. 11~12세기 네팔에서는 도사(導師)라고 불리는 나트(nāth)에 대한 숭배가 번성하였다. 나트숭배가 신격화되며 스승인 도사의 이름을 딴 나타 판타(nātha-pantha)라는 일종의 수행센터가 만들어진다. 도사인 나트들은 석가모니의 영향으로 마술에도 능통하고, 요가행법으로 여러 가지 '초능력을 얻은 사람'들이었다. 신격화된 나트들은 마침내 사람들에 의해서 관자재보살과 동일시되기에 이른다. 네팔 카투만두를 중심으로 4곳에 연화수관자재, 성관자재, 보현관자재, 스리슈티칸타(Sṛṣṭikāntha)관자재 센터가 생겼다. 이 4곳은 모두 마첸드라(Mastsyendra)라는 나트를 모시고 있다.

그리고 마첸드라는 관자재보살이라는 이름의 상(像)으

로 제작되기 시작한다. 왼손엔 연화를 가지고 있고 오른손은 소원을 들어주는 여원인(與願印)을 하고 있다. 또는 오른쪽 발을 왼쪽 대퇴부에 얹고, 왼쪽 다리로 시바춤을 추는 모습을 하고 있기도 하다. 관자재의 상징인 연화가 손에 들려 있고, 연화는 뒤나 옆구리 좌우에서 위로 올라간 형태로 나타난다.

108관자재보살 등이 언급되지만, 1월부터 12월까지 각 달을 상징하는 12관자재보살은 더욱 유명하다. 이 중 9월에 해당하는 가란타엄관자재, 10월에 해당하는 육문자관자재, 12월에 해당하는 하라할관자재보살은 팔이 4개 내지 6개인데 오른쪽에는 염주가 들려 있다.

9월의 가란타엄관자재보살(迦蘭陀嚴觀自在, Karaṇḍavyū-

인도의 가란타엄관자재보살(Karaṇḍa-vyūhalokeśvara)
출처: 『만다라의 신들』(1991) p.97 그림103

halokeśvara)은 4개의 팔을 가지고 있다. 크마 바할의 9월 관자재는 오른쪽에는 갈고리와 화살을 가지고 있고, 왼쪽에는 견삭(羂索, 줄)과 활을 가지고 있다. 왼쪽 페이지 아래 그림은 인도 형식에 부합하는 도상이다. 아래쪽 두 손은 합장하고 있으며, 나머지 오른손에는 염주를, 왼손에는 보석이 있는 연화를 갖고 있다. 인도와 네팔의 도상이 매우 다르다는 것을 알 수 있다.

10월의 육문자관자재보살(六文子觀自在, Saḍakṣarilokeś-vara)도 4개의 팔을 가진다. 이 가운데 두 팔은 합장을 하고, 나머지 오른쪽 팔에는 염주를, 왼쪽 팔에는 연화를 들고 있다. 육문자는 옴(Oṃ) 마(ma) 니(ṇi) 파(pa) 드메(dme) 훔(hūṃ) 6자의 진언이며, '귀의합니다. 연화 위의 마니주에'라는 뜻이

육문자관자재보살
출처: 『만다라의 신들』(1991) p.90 그림81

다. 6자에는 육도 중생의 생사문을 열 수 있다는 뜻도 있다. 옴의 글자는 천계(天界)를 여는 것이며, 마의 글자는 아수라계를 닫는 것이며, 니의 글자는 인계(人界)를 닫는 것이며, 파의 글자는 축생계를 닫는 것이며, 드메의 글자는 아귀계를 닫는 것이며, 훔의 글자는 지옥계를 닫는 것이라고 한다. 육문자 관자재는 가끔 비(妃)를 동반하기도 한다.

12월의 하라할관자재보살(Halahalaokeśvara)은 6개의 팔을 가지고 있다. 오른손에는 삼보(三寶)의 목걸이·화살·염주를 가지고 있고, 왼손에는 연화·활·경전을 가지고 있다.

부(富)와 재보(財寶)의 여신인 바스다라관자재는 네팔불교에서 인기 있는 여신으로, 지세(持世)라고 불린다. 이름에는 '보물을 가진 여성'이란 뜻이 있고, 대지(大地)라는 뜻도 있다. 바스다라(Vasundharā)라는 곡류의 이삭이나 이삭을 넣은 병을 갖고 있는데, 이것은 여신의 특징이다. 유희좌(遊戲坐)에 앉아 있으며, 6개의 팔을 가지고 있고 몸은 황색으로 표현하는 경우가 많다. 오른쪽에는 여원인·재보·염주를 가지고 있으며, 왼손에는 병·이삭·경전함을 가지고 있다. 여신의 오른쪽 두 번째 손에 가지고 있는 것은 보물을 의미한다. 가끔 나타나는 길상 과일인 석류는 다산과 풍년의 상징이다. 이 관자재는

파크터풀 국립박물관의 바스다라   네팔 가정집의 바스다라

출처: 『만다라의 신들』(1991) p.141 그림170/p.140 그림169

보생부에 속하며, 보물과 길상 등의 요소는 사람들에게 현세이익을 가져오게 하는 직능을 갖고 있다고 생각하게 되었다.

오른쪽 그림은 카투만두 일반가정의 벽에 붙여놓은 바스다라이다. 관자재의 오른발이 병 입구에 올려져 있는 것이 특징이다.

힌두교에서 세계의 파괴자로서 시바의 다른 이름인 마하깔라(Mahākāla, 大黑)도 염주를 가지고 있다. 불교에서는 이 시바신을 호법신(護法神)으로 받아들였으며, 명왕(明王)이라 부른다. 네팔에서 시바신의 성격을 가진 존격(尊格)은 토착적인 요소를 받아들여 다양한 마하깔라가 탄생하지만 불타의 지위를 얻지는 못한다. 같은 시바신에 기원을 두고 있는 티베트불교의 헤루카(Heruka)가 비밀불(祕密佛)의 지위를 얻는 것과는 대조적이다.

4개의 팔을 가진 4비마하깔라는 머리카락을 곤두세운 채 청색을 띠고 시체 위에 서 있으며, 왼쪽 다리를 뻗은 전좌(展左)의 모습을 하고 있다. 오른쪽에는 금강저와 칼, 왼쪽에는 두 개의 빈 잔을 들어 가슴 앞에 올려놓고 두개골이 달린 봉(Khaṭvāṅga)을 가지고 있다.

마하깔라(Mahākāla)

4비의 마하깔라(Mahākāla)

출처: 『만다라의 신들』(1991) p.156 그림194,195

6개의 팔을 가진 6비마하깔라는 4비마하깔라와 일치하는 도상을 가진다. 왼쪽 다리를 뻗은 전좌(展左)의 자세이며, 빛나는 황색 머리카락을 곤두세우고 어금니를 드러내고 있으며, 호랑이 가죽을 걸쳤다. 그리고 시체 위에 서 있다. 얼굴

6비의 마하깔라(Mahākāla)
출처: 『만다라의 신들』(1991) p.158 그림197

금요(金曜, Sukra)
출처: 『만다라의 신들』(1991) p.173 그림222

은 하나에 눈이 세 개이며, 분노상(忿怒相)을 하고 있다. 오른쪽 손에는 염주·다말북·금강저를 가지고 있고, 왼쪽에는 삼지창·견삭·두개골잔을 들고 있다.

팔이 8개 또는 16개인 경우도 있고, 비(妃)를 포옹한 마하깔라도 있다. 마하깔라의 기본적인 특징은 칼트리도와 두개골잔이다. 마하깔라의 지물이 삼지창·다말북·호랑이 가죽·뱀 등인 것은 마하깔라의 원형이 시바 또는 루드라를 계승하고 있음을 보여준다. 그리고 힌두교 사원에서 산양을 비치는 공희(供犧)를 행할 때, 칼트리도는 희생양의 고기를 자르기 위한 것이며, 두개골잔은 흐르는 피를 받기 위한 것이었다.

인도에서 염주는 신들을 나타내는 상징물이었으나 네

팔에서는 관자재보살과 마하깔라의 지물로 변화하고 있다. 화요(火曜, Mangala)와 금요(金曜, Sukra)의 오른쪽 지물에서도 염주가 나타난다.

티베트에서는 아미타불

티베트불교에서 장수를 나타내는 6가지 상징은 중국에 기원하고 있지만, 종교적인 모티브는 중국에서보다 티베트 미술에서 더 세속적으로 나타난다. 6가지는 오래 사는 늙은 사람, 나무, 바위, 물, 새 그리고 사슴이다. 오래 사는 늙은 사람은 남극의 별을 관장하는 남극노인 또는 수노(壽老)를 가리킨다. 노인은 복숭아나 석류나무 아래에 앉아 있다. 이 나무는 땅속에서 오랫동안 있었기 때문에 아주 잘 익었다고 생각하였다. 특히 푸른 소나무는 언제나 푸르기 때문에 변함없는 것의 상징이 되었다. 바위는 오래도록 변함없다는 뜻에서 유래하였다. 물은 사시사철 깨끗하고 시원하며, 마음을 고요하게 해주기 때문인 것으로 알려져 있다. 사슴은 탈것의 수단이 되기 때문이다.

티베트불교에서는 6가지 장수의 상징 중에 노인에 대하여 인식에 변화가 생겼다. 수노노인을 장수하는 보살로서 아미타불과 동일시하게 된 것이다. 그래서 노인을 묘사할 때,

중국의 6가지 장수 상징물   티베트의 6가지 장수 상징물

출처: 『Tibetan buddhist symbols』(2003) p.53/p.54

  전체적인 구도에는 큰 변화가 없으나, 노인이 상징으로 짚고 있는 지팡이가 염주를 들고 앉아 있는 모습으로 바뀐다. 전통적인 중국의 도상과 티베트의 도상을 비교해보면 잘 알 수 있다.

  전통적인 불교에서 염주는 108개의 구슬로 만들어진다. 그리고 인도신들이나 정통성 있는 스승의 오른손에 만트라 염송, 기도, 자비를 보증하는 상징으로 염주가 들려 있다. 인도나 티베트의 많은 수행자들은 손목에 염주를 감아서 정통성을 나타내기도 한다.

숫자 108은 힌두, 쟈이나, 불교전통에서 성스러움이나 완전함을 뜻한다. 12개와 9개가 108개가 되는 것은 12달 안에서 9개 행성을 나타낸다. 염주알이 4개와 27개, 108개가 되는 것은 27수(宿, 황도 28수, lunar mansions)나 별자리에서 1달이 4주(weekly, four quarters/moon)임을 나타낸다. 휴식 장소로서 27수는 달[月]이 매달 자리하는 장소이다. 프라나야나 요가(pranayana yaga)에서 요가의 호흡조절은 인간이 생존하기 위해서 24시간 동안에 21,600번 숨을 쉬어야 한다고 한다. 이것은 360의 숨을 60번 해야 한다는 의미이다. 12시간을 도는 사이에는 10,800번의 숨이 된다.

특별한 염주알의 종류는 탄트라의 행위를 묘사한다. 수정, 진주, 백련의 열매, 하얀 산호, 소라고동, 상아로 만든 염주알은 마음의 안정을 위한 의례로 사용한다. 보리수 열매, 연꽃 열매, 금, 은, 청동 등으로 된 염주알은 강화나 증익을 위한 의례에 사용한다. 붉은 산호, 붉은 진주, 홍옥, 붉은 백단향 등은 억제를 위해 사용한다. 금강수 열매, 철, 동, 인간의 뼈, 동물의 뼈 등은 파괴의 의례에 사용한다. 마하깔라 같은 분노신들은 인간의 작은 해골로 된 염주를 걸치거나 뼛조각에 해골의 모습을 그려 넣기도 한다. 이들은 일반적이지 않지만 12개, 16개, 21개의 해골로 표현한다. 12개 해골은 12연기와 관련된 것으로부터의 자유를 상징하고, 16개 해골은 16가지 공(空)을 묘사하고, 21개의 해골은 순수한 지혜의 범주를 상징한다.

관세음보살은 흰 수정이나 진주로 된 염주를 잡고 있으며, 잘 다듬어진 크기의 염주알은 관세음보살의 완전한 평정을 상징한다. 108이란 숫자는 보살이 행하는 자비의 108가지 다른 표상과 일치한다. 전통적이거나 일반적인 목적으로 쓰이는 불교도들의 108염주알은 3줄이나 9줄로 꼰 것으로 구멍을 꿰어서 만든다. 이것은 삼보(三寶)나 금강저 및 8보살을 상징한다. 단단히 잡아당겨서 꿴 염주알은 보리달마를 구하여야 하는 108가지 다양한 세계의 달마(dharmas, 법)를 꿰뚫고 계속하여 수행하는 모습을 묘사한 것이다.

다른 색깔이나 준보석은 일반적인 염주알로 사용하며, 묶은 환(mala, 염주)을 4개로 나누어서 27알, 54알, 81알로 만든다. 색깔이 있는 염주알은 만트라 숫자를 세기 위해 10이나 21개의 염주알로 한다. 108염주에는 중간에 두 개의 끈을 마주 보도록 매달아놓았는데, 각각 술이 달려 있다. 각각은 끈에는 금, 은, 청동으로 된 작은 링 10개가 꿰어져 있고, 끝은 구분하도록 작은 금속의 금강저와 종으로 봉인되어 있

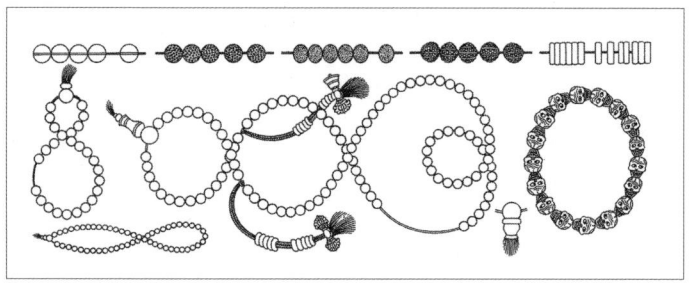

여러 형태의 티베트 염주들

출처: 『Tibetan buddhist symbols』(2003) p.189

다. 끝에는 노끈의 매듭으로 술을 달아서 방편과 지혜를 나타낸다. 이 작은 계수기는 완전하게 염주를 돌리는 금강저와 10번의 종을 세기 위해서 사용된다. 이 방법을 잘 사용하면 반복적으로 만트라를 세며, 다음 만트라를 계속하여 염송할 수 있게 된다.

티베트불교에서 염주는 중국에서 생명을 연장하거나 불로장생하는 6가지 상징을 받아들였다. 6가지는 오래 사는 늙은 사람, 나무, 바위, 물, 새, 사슴이다. 이 중에 장수하는 노인을 수노(壽老)라고 부르는데, 남극의 별자리 27수(또는 28수)를 관장한다. 중국에서 노인의 도상은 지팡이를 잡고 있지만 티베트 도상에서는 염주를 들고 있는 노인으로 변화한다. 27

수는 달의 움직임을 관장하는데, 1달은 7일의 4주이므로, 27×4=108이 된다. 노인은 아미타불과 관련이 있고, 108은 관세음보살의 자비로 해석한다. 중국불교에서 108가지 번뇌로 해석하여 타파의 대상인 것과 다른 해석인 것이다. 그리고 염주알을 실로 꿰어 단단히 당겨서 팽팽하게 한 것은 보리달마를 구하는 수행으로 본다. 이것이 티베트불교가 염주를 대하는 인식이며, 한국불교와 다른 점이다.

5 | 목환자수주는 염천(焰天)에 태어나게 한다

염주에 관한 최초의 경전은 『불설목환자경(佛說木槵子經)』이다. 『동진록(東晋錄)』(317-420)에 의하면, 경전의 이름은 있지만 번역자는 밝히지 않았다. 아주 이른 시기부터 염주는 목환(木槵)이라는 나무 열매와 관련이 있다는 것을 경전 제목에서 알 수 있다. 목환(木槵)은 무환(無槵)이라고도 하는 나무이다.

경전 이야기는 어떤 작은 나라를 다스리던 왕이 나라가 작아서 일어나는 어려움을 극복하고자 부처님께 청법하는 것으로 시작한다. 배경은 부처님이 왕사성(羅閱祇, 나열기) 기사굴산에 계실 때이다. 청법자는 난국(難國)을 다스리고 있는 파유리(波流離)라는 이름의 왕이며, 부처님이 훌륭하다는 소문을 듣고 법을 구하고자 한다. 청법의 내용은 나라가 작고 힘이 없어서 항상 주변국에게 위협을 받고 있어 수행할 수 없다는 것이었다. 이러한 고통에서 벗어나 법을 수행하고자 부처님께 그 방법을 청하고, 법을 실천하는 내용이다.

『불설목환자경』(경전 원문: 169쪽 참조)

* 참조: 고려대장경 제20권 1226쪽 / 한글대장경 163권 / 대정신수대장경 제17권 no.786

이와 같이 들었다.

어느 때, 부처님께서 나열기(羅閱祇) 기사굴산(耆闍崛山)에서 대비구 대중 1,250명과 셀 수 없이 많은 보살과 함께 노니셨다. 이름이 불려지고 멀리 전해지며 천상과 사람의 공경을 받았다.

그때, 난국(難國)의 왕 이름은 파유리(波流離)였다. 사신을 파견하여, 부처님이 있는 곳에 이르러 정수리로 부처님의 발에 예를 하고 부처님께 여쭈어 말하였다.

"세존이시여. 우리나라는 변방의 소국이라 해마다 도적이 침범하고, 오곡이 너무도 귀하고, 질병이 유행하여, 백성이 곤궁하여 고통스럽습니다. 저는 항상 편하게 누울 수 없습니다. 여래의 법장(法藏)은 많으며 모두 깊고 넓은데, 저는 근심하는 일이 많아 수행할 수 없습니다. 오직 원하건대 세존께서는 사랑과 연민[慈愍]을 특별히 베푸시어 저에게 요긴한 법을 주십시오. 제가 밤낮으로 쉽게 수행할 수 있게 하시어,

미래의 세상에서 여러 가지 고통을 멀리 여의게 해주십시오."

부처님께서 왕에게 말씀하셨다.

"만약 번뇌장(煩惱障)과 보장(報障)을 없애고 싶다면, 마땅히 목환(木槵)의 열매 108개를 꿰어서 항상 스스로 따라서 수행하라. 가거나 앉거나 눕거나 늘 마땅히 지극한 마음으로 뜻[意]을 분산시키지 말며, 이에 불타(佛陀)·달마(達摩)·승가(僧伽)의 이름을 부르며, 목환의 씨를 세어 가라. 10번씩, 20번씩, 100번씩, 1,000번 내지 백천만 번씩을 세어라. 만약 20만 번의 1편을 꽉 채우면, 몸과 마음[身心]은 어지럽지 않다. 모든 아첨과 마음의 구부러짐이 없는 자는 목숨[命]이 다하면 제3 염천(焰天)에 태어나며, 옷과 음식[衣食]은 생각하는 그대로 되어 안락행을 항상하게 된다.

만약 100만 번[遍]을 꽉 채우면 마땅히 108번뇌로 업의 맺음을 끊어 없앨 수 있다. 마침내 생사의 흐름을 등지고 열반으로 달려 나아가서, 번뇌의 뿌리를 영원히 끊고, 위없는 과를 얻는다."라고 한다.

사신이 왕에게 돌아가서 말하자, 왕은 크게 기뻐하였다. 멀리서 세존을 향하고, 머리와 얼굴로 부처님께 예배하며 말하였다.
"매우 거룩하십니다. 저는 마땅히 받들어 행하겠습니다."
곧 왕은 관리와 백성들에게 칙령을 내려, 목환의 열매를 잘 가려 골라서 1,000구(具)를 만들게 하였다. 육친과 나라의 친척은 모두 1구(具)처럼 하였으며, 왕은 항상 송(誦)하고 염(念)하였다. 비록 군진[軍旅]에 친히 나가더라도 또한 그만두지 않았다.

또 이 염(念)을 지었다[作].

'세존의 자비는 일체를 널리 응하신다. 만약 나의 이 선(善)이 오랜 동안 헤매는 고의 바다[苦海]에서 벗어날 수 있게 한다면, 여래께서는 나의 몸 앞에 당연히 나타나 나를 위해 법을 설하리라.'

원과 즐거움으로 마음을 다그치며, 사흘 동안을 먹지 않았다.

부처님께서는 곧 형상으로 응하시어, 모든 권속들과 더불어서 이 궁전으로 오셔서, 왕에게 말씀하셨다.

"사두(莎斗)비구는 삼보의 이름을 송하고 10년을 지나서 사다함과(斯陀含果)를 이루었다. 점차 익히고 행하여서, 지금 보향(普香)세계에 있고 벽지불이 되었다."

왕은 이 말을 듣고서, 배로 다시 수행하였다.

부처님께서 아난에게 말씀하셨다.

"하물며 삼보의 이름을 송하고, 여러 해를 지날 뿐이겠는가. 단지 이 사람의 이름[名號]을 들을 수 있어서 한 생각[一念]으로 수희(隨喜)하고자 함을 내더라도 미래 태어나는 곳에서는 항상 10선을 듣게 된다."

이 법을 말씀하셨을 때, 대중들은 기뻐하며 모두 받들어 행하기를 원하였다.

| 풀이 |

- 10선(十善): daakuśala-karmāni. 몸과 입과 생각의 3행으로 짓는 10가지

선한 업이다. 인간이 행해야 할 가장 근본적인 선행이다.
- 나열기(羅閱祇): 왕사성(王舍城)의 다른 말이다.
- 목환(木槵): ariṣṭakākṣa. 경전에서는 아리슬가시(阿唎瑟迦柴)로 음사한다. 목환은 본래 나무의 이름인데, 여기에 나무 열매인 씨를 의미하는 자(子)를 붙여서 목환자(木槵子)라고 한다. 이때는 목환 열매로 만든 염주를 가리킨다. 목환은 환(桓), 목환자(木患子), 금루(噤婁), 비주자(肥珠子), 유주자(油珠子), 보리자(菩提子), 귀견수(鬼見愁)라는 7가지 별명이 있다. 도선(道宣, 596-667)의 『속고승전』 석도작(釋道綽)편에 의하면, 염주에 관한 기록은 무환자의 일종인 목란자(木欒子)를 써서 칭념할 때의 수법(數法)이라는 내용이 있다.
- 번뇌장(煩惱障): kleśāvaraṇa. 미혹[惑障]으로 보리에 이르는 길을 방해하는 요소들이다.
- 법장(法藏): 법(法)이나 법의 성품[法性]이라는 뜻이 있고, 함장(含藏)의 뜻이 있다.
- 보장(報障): vipākāvaraṇa. 3가지 장애 중 하나로 이숙장(異熟障)을 말한다. 중생이 과거 숙세의 번뇌업으로 인하여 금생에 지옥·아귀·축생의 3악취에 떨어지는 업을 불러일으키는 과보이다.
- 염천(焰天): devānusmṛt. 불법승 삼보를 온전히 정미롭게 염(念)하여 천(天)의 부귀와 즐거움에 생각을 모아 태어나는 곳이다. 보시, 지계, 인천 등의 선업을 닦아 행하여, 신구의 3업을 청정하게 하여 더러운 업을 짓지 않는 것이다. 그래서 수승한 하늘[天]의 사람 몸으로 태어나게 되는 곳이다.

『불설목환자경』은 목환의 열매로 수주(數珠)를 만들어서 불법승 삼보를 한결같이 생각하면서 큰 소리로 칭념하면 염천(焰天)에 태어난다는 이야기이다. 난국(難國)은 주변이 큰 나라로 둘러싸여 있고, 국토는 비옥하지 않아 백성의 생활이 힘들다. 그래서 난국의 왕인 파유리는 사신을 부처님께 보내, 이 어려움에서 벗어날 방법을 묻는다. 어려움을 벗어나야만 부처님법을 편안하게 수행할 수 있기 때문이다. 자리를 뜰 수 없었던 왕은 사신을 대신 부처님께 보내 청법을 한다.

사신이 알려온 법은 과거의 업보로 생기는 장애와 지금의 번뇌로 생기는 장애를 없애는 것이다. 108개의 목환 열매로 만든 수주(數珠)를 세며, 불법승 삼보를 칭념한다. 10번, 20번 칭념하는 것도 좋으나, 20만 번을 외우면 심신(心身)이 어지럽지 않아서 염천에 태어나 옷과 음식이 저절로 갖추어진다. 또 100만 번을 외우면 업의 뿌리를 끊고 생사의 윤회를 벗어나 열반에 이르게 된다고 한다.

파유리왕은 1,000개[貝]의 수주를 만들어 나라의 백성이 하나같이 하도록 하였다. 마침내 부처님은 파유리왕 앞에 몸을 나타내어 증험을 보인다. 그리고 과거 사두비구가 사다함과를 이룬 이야기를 증명하며, 지금 보향세계에 계신 벽지불이라고 한다. 그리고 아난에게 이 이야기를 들은 자도 미래에 10선(善)을 듣게 되어 성불할 것임을 말한다.

삼보를 칭념하며 숫자를 세고 구슬 모양의 열매를 굴리기 때문에 수주(數珠)이다. 마음속에서 온전히 한곳에 집중하고 소리를 내어 삼보를 염(念)하기 때문에 염주(念珠)라고 부르는 것이다. 숫자를 세는 도구의 재료가 목환 열매이기 때문에 목환(木槵)이라고 하였으며, 번뇌를 없애기 때문에 무환(無

患)이라고 하였다. 구슬[珠]은 열매 등을 사용하기 때문에 보석의 의미가 강한 주(珠)보다는 자(子)로 혼용하여 썼다. 이렇게 수주는 초기에 삼보를 칭념하기 위해 수를 세는 기구로 쓰였다. 하지만 칭념이 점차 의례와 의궤로 형식을 갖추며 반드시 필요한 도구로 인식하게 되어 점차 염주로서의 쓰임이 보편화되었다.

이와 같이 『불설목환자경』은 108개의 목환으로 묶어 수를 세는 기구로 염주를 설명하는 최초의 경전이다. 그래서 염주의 소의경전으로 불린다.

도솔암 도량에서 자생한 목환자 열매

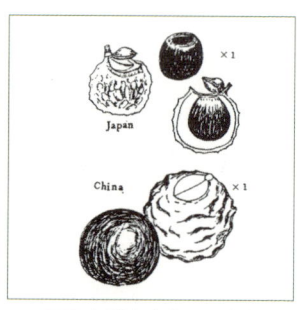
중국과 일본 자생종 목환자 비교
출처: 『佛敎植物辭典』(1982) p.9 no.22

6 | 정토왕생하는 수주의 모양[相]

염주의 소의경전은 『불설목환자경』이지만, 불화의 도상에 직접적으로 많은 영향을 준 경전은 『불설다라니집경』이다. 한국불교에만 나타나는 특수한 불복장의궤인 『조상경』에서는 『불설다라니집경』을 언급하고 있어 그 중요함을 짐작할 수 있다.

아지구다(阿地瞿多, ?-?)가 번역한 이 『불설다라니집경』(654)에 이르러서는 목환자의 쓰임이 조금 다르게 나타난다. 『불설다라니집경』은 『대일경』 초기형식을 보여주고 있으며, 다양한 성격의 경전을 하나의 경으로 묶은 것이다. 크게 불부(佛部), 관세음부, 금강부, 제천부로 나누어 구성되어 있다.

이 경전의 두 곳에서 염주에 관한 설명을 살펴볼 수 있다.

한 곳은 제천부에 있는데,『불설마리지천경』공덕천법의 단법(壇法)을 설명하는 내용이다. 공덕천법에서는 큰 힘을 가진 악귀[大力鬼]를 항복시키고자 할 때, 먼저 아리슬가시(阿唎瑟迦柴), 즉 목환자를 불에 태운다. 밀교수법에서는 귀신을 조복(調伏)시키기 위해 종종 나무 열매를 태우기도 한다.

다른 한 곳은 불부에 속하는「아미타불대사유경설서분(阿彌陀佛大思惟經說序分)」에서 볼 수 있다. 아미타불이 사는 국토에 태어나기 위해 발원하여 공덕을 얻는 법으로, 정토왕생을 위한 밀교수법의 이야기이다. 이때는 단의 법[壇法]을 통해서 공덕을 쌓게 되는데, 반드시 아미타불을 그려 단(壇)에 시설해야 한다.

아미타불은 화상법(畫像法)에 따라 그려야 하며, 이때 꽃을 뿌리고 진언을 송하는 절차에 따라 염송(念誦)해야 한다. 정해진 횟수의 진언을 송할 때, 작수주법상(作數珠法相)에 따라서 만든 염주를 사용해야 한다.

경전에서는 아미타불의 국토에 태어나는 방법을 묻는 청법과 공양보시의 내용을 설하는 산화(散華) 공덕을 알려준다.

분류	경문	내용	「아미타불대사유경설서분」의 설명
1	산화공덕	청법	관세음보살이 부처님께 청문하고 답하는 이야기
2		공덕	꽃, 등, 향, 옷과 음식을 공양보시하는 공덕 이야기
3	성도법문	불상 조성	아미타불의 조성 공덕/**畫像法**/결인
4		수단 조성	(불부) 수단 만들기/관정/결인/호마공양 (제천부) 수단 만들기/호마공양/결인 공양할 때 진언을 송하며 염주를 사용
5		염주의 모습	「佛說作數珠法相品」

밀교수법을 행할 때의 수행법은 단 중앙에 결가부좌한 아미타불을 그려놓고, 아미타불 왼쪽에는 대세지보살을, 오른쪽에는 십일면관세음보살을 그려 시설해야 한다. 이 화상법(畫像法)에서 아미타불과 좌우 협시인 관세음보살과 대세지보살을 배치하는 법은 『관무량수경』과 『아미타경』에 나오는 삼존 배치의 형식과 같다. 단에 아미타불과 관음·세지 두 보살을 시설하고, 공양할 음식을 차려놓고서 호마공양을 한다. 진언을 송하는 횟수를 세거나 호마공양을 할 때는 반드시 수주법(數珠法)에 맞추어 만든 염주를 사용해야 한다. 이것이 바른 상(相)이라는 것이다.

「아미타불대사유경설서분」 뒤에 「불설작수주법상품(佛說作數珠法相品)」을 놓은 이유는 염주의 좋은 모습을 설명하여 아미타불의 바른 모습을 보여주기 위해서이다. 염주는 법에 맞게 만들어야 공덕이 있는 것이기 때문이다. 염주의 재료는 무엇으로 할 것인지, 염주알은 몇 개로 할 것인지, 염주에는 어떠한 뜻이 있는지 등의 내용으로 설명한다. 여기에 부합할 때, 염주의 법에 따라 완성된 모습[相]이 된다.

아미타불 국토에 왕생하는 법을 설하는 내용은 다음과 같은 내용으로 나누어볼 수 있다. 『불설다라니집경』「아미타불대사유경설서분」에서 청법, 공덕, 염주의 사용법 등 염주에 관련된 내용을 부분적으로 인용한 전문은 다음과 같다.

『불설다라니집경』(경전 원문: 170쪽 참조)
　　* 참조: 고려대장경 제11권 1063쪽 / 한글대장경 257권 / 대정신수대장경 제18권 no.901

「아미타불대사유경설서분」 제1
이때에 관세음보살이 부처님께 말하였다.
"세존이시여, 만약 사부대중 즉 필추(苾芻, 비구), 필추니(苾芻尼, 비구니), 우바새(優婆塞), 우바이(優婆夷) 모든 중생이 선법(善法)을 수행하여 아미타부처님의 나라에 태어나고, 아울러 그 부처님을 보려면 어떻게 하면 얻습니까?"

그러자 부처님께서 관세음보살에게 말씀하셨다.

"만일 사부대중이 그 나라에 태어나고자 하면, 응당히 아미타불의 인(印)과 다라니(陀羅尼)를 수지(受持)하고, 단법(壇法)을 짓고, 공양하고 예배하여야, 비로소 그 불국토에 왕생을 얻을 수 있다. 만약 사부대중이 뭇 꽃을 아미타부처님께 흩트리고 발원하여 주(呪)를 송(誦)하면, 10종의 공덕을 얻는다.

무엇이 10가지인가.
첫째는 스스로 착한 마음[善心]을 내는 것이다.
두 번째는 다른 사람에게 착한 마음[善心]을 일으키게 하는 것이다.
세 번째는 모든 천(天)이 환희하는 것이다.
네 번째는 자기 몸이 단정하고, 6근(根)이 잘 갖추어져 잘못된 곳이 없는 것이다.
다섯 번째는 죽고 태어나는 인(因)을 변화시켜 보배 땅으로 이루는 것이다.
여섯 번째는 세세생생토록 나라 한가운데[中國] 태어나고 귀한 족성(族姓)으로 태어나서 부처님을 바로 보고 법을 들어서, 변지(邊地)나 천한 신분으로 태어나지 않는 것이다.
일곱 번째는 전륜왕(轉輪王)을 이루어서 사천하를 다스리는 것이다.
여덟 번째는 세세생생토록 항상 남자의 몸을 얻는 것이다.
아홉 번째는 아미타불 나라의 7보연꽃 위에 태어나 결가부좌하여 보살이 물러나지 않는 지위인 아비발치(阿毘跋致)를 이루는 것이다.
열 번째는 아뇩다라삼먁삼보리를 이루고, 7보사자좌 위에 앉아서, 큰 광명을 내는 것이다. 아미타불과 더불어서 다름이 없다.

이 이름이 10가지 산화공덕(散華功德)이다. …… (생략)

또 만일 그 국토에 태어나고자 하면, 또다시 진흙으로 아미타불상 십만 구(軀)를 만들어서 죄를 멸하여 죽으면 아미타불의 나라에 태어날 것이다.

날마다 공양할 때에는 금으로 수주를 만들어야 한다. 만약 은을 쓸 수 없거나 은이 없으면 적동(赤銅)을 쓴다. 또한 적동도 없으면 수정(水精)을 쓴다. 수는 108매(枚)로 하며, 없으면 54매, 이것도 없으면 42매로 하고, 이것도 없으면 21매로 한다.

이와 같은 여러 구슬을 잡아 끊어 굴리면서 주(呪)를 송할 때 구슬은 10바라밀다(波羅蜜多)가 되며, 염불로 송주할 때 주(呪)를 송하면 아뇩다라삼먁삼보리가 된다. 만일 아미타불을 지어서 공양을 할 때는 마땅히 상품의 조건 등을 써서 구슬[珠]을 만들어야 하며, 나머지 재료[物]는 쓰면 안 된다. 만일 나머지 잡스러운 물(物)은 일체의 효험을 얻을 수 없다. 그중에서 가장 좋은 것은 수정으로 수주를 만들어서 주(呪)를 송하는 것이다. 모든 죄가 멸하여 마치 옥구슬과 같아서 비추고 투명하다. 자신의 몸도 또한 그러하다. 이 수정염주는 모든 불부, 보살부, 금강부, 천(天) 등의 법에 통용된다. …… (생략)

| 풀이 |
- 변지(邊地): 즐거움이 지나쳐 법을 들으려고 하지 않는 곳이다.
- 아비발치(阿毘跋致): avinivartanīa. 불퇴(不退)로 번역한다. 보살이 물러나

지 않는 경지, 즉 불퇴전지를 말한다.
- 인(印): mudrā. 손가락의 모양을 일정하게 하여 불·보살의 뜻이나 수행의 결과를 보여준다. 불·보살의 형상을 가리키면 대지인(大智印)이라고 하고, 불·보살이 가지고 있는 물건이나 손 모양의 형상을 표시하면 삼매야지인이라고 하고, 불·보살의 덕행의 문자를 표시하면 법지인이라고 한다. 일반적으로 수인(手印)을 말한다.
- 적동(赤銅): 구리이다.

「불설작수주법상품」
이때 부처님께서 비구와 비구니, 우바색가(優婆塞迦, 우바새)와 우바사가(優婆斯迦, 우바이), 모든 선남자와 선여인 등에게 말씀하셨다.

"마땅히 발심하여 『아미타경』을 송(誦)하고 아미타불을 염(念)하고 또 나의 삼매다라니비밀법장(三昧陀羅尼祕密法藏)의 신인(神印)과 주(呪)를 송지(誦持)하라. 저 나라에 왕생을 성취하고자 하고 그리고 모든 중생을 함께 호념(護念)하고자 하면, 다시 고행(苦行)을 행해서 지극한 마음으로 수지(受持)할 수 있어야 한다. 날마다 공양하며, 일심으로 연(緣)이 없는 나머지 경계에 온전히 두어야 한다.

만약 경을 송(誦)하고 불을 염(念)하고 주(呪)를 지녀서 행하는 자는 낱낱이 각각 반드시 손에는 염주(念珠)를 잡아야 한다.
아미타불삼매에 의지한 가르침으로 설하며, 다시 이와 같은 모든 다라니는 모든 불·보살·금강·천(天) 등의 법에서 나온 것에 의지한다.
그 수(數)는 모두 반드시 모습과 모양[相貌]을 갖추어야 한다. 그 상모는 4종류가 있다. 무엇이 4종류인가. 첫째는 금이고, 둘째는 은이며, 셋째는 적동(赤銅)이고, 넷째는 수정이다. 그 수[數]는 모두 108개를 꽉 채워야 한다. 혹 54개 혹 42개 혹 21개도 역시 알맞게 쓸 수 있다. 만약 이와 같은 등의 보물 수주로 그것을 끊어 돌려 송주(誦呪)하고 송경(誦經)하고 염불(念佛)하는 모든 행자는 마땅히 10바라밀 공덕의 만족을 똑같이 얻고, 몸을 나타내면 아뇩다라삼먁삼보리의 과를 바로 얻는다.

그 4가지 중에서 수정이 제일이다. 그 수정이란 광명은 비할 데 없이 깨끗하여 티와 더러움이 없고 묘한 색(色)이 광대하다. 오히려 마치 불보리원(佛菩提願)을 얻은 것과 같은 것이므로 저 나라 국토가 하나 같은 구슬의 모습[珠相]을 통달한 것이다. 이런 뜻이기 때문에 이것을 칭하여 최고[上]라고 한다.

그 알[珠]를 잡아서 끊어 돌리면 또한 염송행을 하는 자는 4중과 5역과 온갖 죄의 업장과 받는 과보의 장애를 멸제할 수 있다. 모든 악업이 물들여져서 달라붙을 수 없고 구슬의 광명으로 색(色)의 모습[相]을 받아들일 수 없게 된다.

만일 사람이 염불법을 항상 행하려고 하면, 목환(木患)의 열매로 수주를 써야 한다.
만일 송주(誦呪)하고 수지(受持)하고자 하는 사람은 앞의 4가지 색의 보배를 사용하여 수주를 써야 한다.

만약 보살주법(菩薩呪法)으로 업(業)을 지으려고[作] 하면 보리수의 열매를 사용하여서 수주를 써야 한다. 만약 없으면 연꽃의 씨[蓮華子]를 사용하여 충당할 수 있다.

만일 화두금강(火頭金剛, 오추사마)으로 업(業)을 지으려고 하면 살색[肉色, 마노의 종류] 구슬을 사용하여 수주를 써야 한다.

이와 같은 등의 수주는 모두 법의 모습[法相]에 부합한다. 그러므로 나는 이 법으로 세간에서 법을 가져서 행하는 자를 보호할 것[護念]이다."

이 대중 모임[會] 중에 있던 일체 보살마하살·금강·천 등은 부처님께서 설하여 말씀하신 수주법(數珠法)을 들었다. 환희하지 않는 자가 없으며, 동시에 훌륭하다고 찬탄한다.

부처님께서 말씀하셨다.
"만약 어떤 사람이 법의 모양[法相]으로 수주(數珠)를 만들고자 하면, 먼저 구슬 만드는 장인을 부른다. 그 값을 따지지 말고, 정미롭고 좋은 것을 취하도록 힘써야 한다. 그 보물 등은 모두 반드시 일찍 다른 쓰임이 없는 것이어야 한다. 하나하나 모두 반드시 안과 밖이 투명하게 비쳐야 하며 깨지거나 흠이 없어야 하고, 원만히 깨끗하고 맑고 반듯해야 한다. 크고 작음은 그 크기에 맡긴다.

그리고 그 구슬 만드는 장인은 먼저 팔재(八齋)를 받고, 향탕으로 목욕하고 새로운 깨끗한 옷을 입어야 한다. 호신(護身)을 짓고서, 한 도량을 장엄하고 모든 번과 꽃을 걸고, 향수로 하나의 작은 단(壇)을 따로 바른다.

날마다 각각 향과 꽃으로 공양한다. 또 한 짝인 2개 쟁반을 따로 하여 떡과 과일로 공양한다. 또다시 밤에는 별도로 각각 7개의 등을 켠다. 이 모습의 구슬 108과(顆)를 만들면 염주[珠]를 조성하는 것이 끝나는 것이다.

또 하나 금구슬을 만들어서 모주(母珠)로 만들고, 또다시 따로 10알의 은구슬을 만들어서 기자(記子)를 채운다.

이것이 곧 이름하여 삼보의 법상(法相)이며, 원만히 갖춤을 모두 채운 것이다. 수행하고자 하는 자는 이 구슬을 끊어서 돌릴 때, 항상 삼보의 가피와 호념을 얻는다. 삼보를 말한 것은 이른바 불보와 법보와 승보이다.

이로써 증험하는데 어찌 서방정토에 태어나지 못할까 염려하겠는가? 이 염주[珠] 만들기를 마친다.

이 단 안에서 다시 온갖 향수로 염주[珠]를 닦는다. 또 7쟁반에 음식을 올리고, 21개 등을 켠다. 불(佛), 반야보살, 금강 그리고 제천 등을 청(請)하고, 공양을 우러러 알린다[仰啟]. 삼보의 위신력을 칭찬하였기 때문에, 여러 가지 법사(法事)는 효험이 모두 있다.

이러한 후, 행(行)을 지니고 몸[身]을 따르고 쓰임을 준비하면, 모든 악은 서로 붙들고 달라붙지 못하며, 모든 귀신은 함께 서로 공경하고 두려워한다. 그러므로 복력(福力)이 구족하여서 공덕을 갖추고 원(願)

을 만족하게 이루어준다. 이것이 수주의 비밀스러운 공능이라고 이름한다. 그 아미타불다라니의 인(印)과 주(呪)는 8만 4천 가지 법문이 있다. 이 중에서 요점만을 간략히 출하였으니 마치 여의보주와 같다."
이상으로 아미타불의 법을 마친다. 법행에 의거한 복은 무한하다.

| 풀이 |
- 기자(記子): 금구슬 1개와 은구슬 10개로 이루어져 있는 염주이다. 108개로 된 염주를 1번 송할 때마다 총 횟수를 세는 도구이다. 그래서 기록 또는 기억한다는 뜻으로 기(記) 자로 쓴다.
- 모주(母珠): 둥근 염주에서 중심이 되어 시작을 알 수 있는 구슬을 가리킨다. 그러므로 108개에 포함되지는 않는다.
- 삼보법상(三寶法相): 여기에서는 염주를 만들 때 반드시 수주를 만드는 법과 같이 만들어야 삼보의 가피와 한곳에 마음을 집중할 수 있는 호념(護念)을 이룰 수 있다는 뜻이다. 이것이 수주(數珠)를 만드는 법의 모습(相)이다.
- 호념(護念): 가지(加持)인 adhiṣṭhāna의 뜻과 같다. 한곳에 오롯이 마음을 집중하여 나와 불·보살이 서로 하나가 되는 것을 의미한다. 불·보살의 불가사의한 힘으로 중생을 보호한다는 뜻이다.
- 호신(護身): 밀교의궤에서 아사리(또는 송주법사 등)는 단(壇)에 들어가 진언을 송(誦)하고, 수인을 결(結)하며, 관상(觀想)으로 염(念)하며 의궤를 진행해야 한다. 이때 전체를 진행하는 법사는 반드시 몸을 보호하는 의궤를 행한 후에 진행해야 한다. 이러한 뜻이 있는 의례를 호신이라고 한다.

「아미타불대사유경설서분」은 아미타불의 인(印)과 다라니를 받아 지녀서 불국토에 왕생하는 이야기이다. 산화공덕을 짓고 성도법문을 행하여 불퇴전지에 들어가는 것이다.

산화공덕은 사부대중이 꽃들을 아미타불에게 뿌리고

진언을 송하고 발원하여 10가지 공덕을 얻는 것이다. 성도법문은 단(壇)을 만들고 공양을 올려야 한다, 이때 아미타불, 관세음보살과 대세지보살을 그려서 수단(水壇)에 배치하고, 의궤에 따라 꽃·등(燈)·향·떡·과일 등을 포함하는 음식을 공양해야 한다. 진언을 송할 때 송하는 횟수는 수주(數珠)로 세어야 한다. 이 수주는 수주 만드는 법에 나오는 재료와 절차에 따른 것을 사용해야 효험이 있다. 그 결과 아미타불에게 꽃을 뿌려서 공양하면 서방정토에 왕생할 수 있는 공덕을 얻게 되는 것이다.

아미타불께 꽃을 흩트리는 산화(散華)에는 10가지 종류의 공덕이 있다.

자기 자신에게 착한 마음을 내는 것이고, 물론 다른 사람에게도 착한 마음을 내게 되는 것이다.

하늘이 환희하는 것이며, 자기 몸을 단정하게 하며 6근도 손상이 없게 된다.

죽어서 태어나는 곳은 보배 땅으로 변하고, 태어나는 곳마다 그 나라의 가장 중앙에 태어나며, 귀한 가문에 태어나 부처님을 뵙고 법을 들을 수 있게 된다.

전륜성왕이 되어 사천왕이 되고, 남자의 몸으로 태어나

게 된다.

아미타불국토의 칠보연꽃 위에 태어나서 불퇴전지를 잇고, 칠보연꽃 위 사자좌에 태어나 광명을 내며 아미타불과 같이 되는 것이다.

이 『불설다라니집경』은 7세기경 한문으로 번역되어 중국에 소개되었으며, 한국 밀교에 영향을 준 『대일경』의 원형으로 알려져 있다.

산화공덕으로 남자로 태어나는 이야기는, 여인이 아미타불의 명호를 칭념(稱念)하면 죽어서 남자의 몸으로 태어난다고 하는 『무량수경』 아미타불의 35번째 여인왕생원(女人往生願)과 비슷하다. 『법화경』에도 8살의 용녀가 『법화경』을 수지하여 성불하였다는 이야기가 있다. 여인은 범천, 제석, 마왕, 전륜왕, 불(佛)은 될 수 없다는 5가지 장애설이 있다. 하지만 8번째 산화공덕은 아미타불 국토의 왕생을 주도하는 계층의 대상이 여성은 아닌가 하는 해석을 역설적으로 보여주고 있다.

다음은 아미타불의 성도법문 대강을 축약해보았다. 서방정토에 왕생하기 위한 공양법이다.

아미타불, 십일면관세음보살과 대세지보살의 그림을 그리고 나서는 관정(灌頂)을 위해 수단(水壇)을 시설한다. 의궤를 진행하는 주사(呪師)는 단에 그림을 안치하고 나서 관정을 행한다. 이 법을 행하면, 이 단법에 참여했던 모든 이들은 죄가 소멸되고, 목숨이 끊어진 후에 사부대중은 누구라도 아미타불국토에 왕생하게 된다. 여인도 이 법을 행하면 목숨이 끊어진 후에 남자로 변하여 국토에 왕생한다는 것이다. 이것이 아미타불의 성도법문이다.

수단을 만들 때는 제일 먼저 아미타불을 중앙에 안치해야 한다.

재화나 음식 등을 구하거나 병이 있는 사람을 위해서라면, 5쟁반의 음식을 준비하여 중앙과 사방에 하나씩 놓고 단 속에서 결인(結印)을 맺는다. 주사는 얼굴을 동쪽으로 향하고, 5일 동안 하루에 3번씩 법을 행한다. 병자를 위한 것이라면, 오색실에 21번 진언을 송하고, 21개의 매듭을 맺어서, 병자의 목에 묶고 아미타불을 염하도록 하고 주사는 향로를 잡고 공양 찬탄한다. 그러면 구하고자 하는 것을 뜻대로 얻을 수 있다고 한다.

만약 8부의 귀신, 즉 팔부중이나 천(天) 및 불(佛)과 보살·금강 등의 환희를 얻어서 나의 몸을 보호하고자 한다면, 남자나 여자의 손이 닿지 않은 깨끗한 옷을 입는다. 아미타불은 얼굴을 서쪽으로 향하게 하여 중앙에 안치한다. 그리고 음식 8쟁반, 28개 잔(盞)에 등을 밝히고, 수관(水罐, 물병)을 1개 아미타불 앞에 놓고, 화로를 놓는다. 꽃에 송주를 하고 가지하여 그때그때 불 속에 던진다. 이렇게 호마작법을 한다. 평등한 자비심으로 모든 중생을 위해서 이 법을 지으면, 모든 효험을 얻어 환희심을 내게 된다.

재화를 구할 때와 팔부중의 호신은 밀교에서 떨어질 수 없는 관계에 있다. 이 내용을 결정짓는 요소는 아미타불의 위치나 방향, 그리고 공양하는 음식의 숫자이다. 고려시대 출토유물에는 이와 같은 의궤가 행해졌을 것으로 추측되는 증거들이 존재한다. 등을 밝히기 위해서 기름의 양을 재는 말과 등잔들이다. 도량형을 관장하는 국가기관 평교(平校)에서 도량형의 기준을 정하여 바르게 사용할 수 있도록 한 명문이 새겨진 기름말이 있다. 말과 함께 다량의 등잔도 출토되었다. 1993년 청주 무심천 가에서 공사 중 우연히 사뇌사(思惱寺) 또는 사내사(思內寺)라는 명문의 청동기가 발견되어 존재가 확인된 것이다. 이 유물들은 태평 15년(1035) 이전에 만들어진 것으로 추정하고 있다.

사뇌사가 새겨진 청동 기름말

등을 밝히기 위한 청동 등잔

출처: 『청주 사뇌사 금속공예』(2015), p.19/p.37

성도법문을 행하기 위해 공양할 때마다 송하는 진언의 숫자를 세는 도구가 수주(數珠)이다. 수주의 재료로는 금을 써야 하는데, 금이 없으면 은으로, 은이 없으면 적동(赤銅, 구리)으로, 적동이 없으면 수정으로 한다. 이 중에서도 수정이 가장 좋다. 그 이유는 맑고 투명한 수정염주로 진언을 송하면 모든 죄가 소멸되어 구슬과 같이 맑게 된다고 생각하기 때문이다. 특히 수정은 「아미타불대사유경설서분」에서 언급되는 모든 법에 사용할 수 있다.

염주를 끊어서 굴릴 때, 염주는 10바라밀로 삼는다. 그리고 부처님을 깊이 생각하여 마음에 새기는 염불(念佛)과 진언을 송하는 송주(誦呪)는 아뇩다라삼먁삼보리를 얻고자 하는 것이다. 이때 염주의 구슬 개수는 108개가 가장 좋으며, 54개, 42개, 21개로 해도 가능하다.

수주를 만들 때 법을 갖춘 모습[相]에 대하여 살펴보자.
「불설작수주법상품」은 제목에서 어떤 경전의 한 내용[品]을 인용하고 있는 것을 알 수 있다. 해당 경전은 찾을 수 없지만, 『아미타경』을 언급하고 있어 아미타불사상과 깊이 관련되어 있음을 짐작하게 한다. 경전을 송(誦)하고, 아미타불을 염(念)하고, 삼매의 주(呪)를 송지(誦持)하면, 아미타불의 나라에 왕생한다고 한다. 마음을 지극하게 수지(受持)하고, 날마다 공양하고 일심으로 연(緣)이 일어나지 않는 경계에 두면, 아미타불의 국토에 왕생을 성취할 수 있다.

이곳에서는 염주 만드는 법에 대하여 여러 가지를 잘 정리해놓았다. 수주(數珠)는 경전을 송하는 송경(誦經), 불을 염하는 염불(念佛), 주를 송지(誦持)하는 송주(誦呪) 때 사용한다. 이때 구슬의 수(數)는 모습과 모양[相貌]을 반드시 갖추어야 한다. 이 모습과 모양은 허락한 재료와 개수를 말한다. 재료는 금·은·적동·수정 4가지이고, 개수는 108개·54개·42개·21개 4종류이다. 재료는 수정이 제일 좋으며, 개수로는 108개가 꽉 찬 것이 좋다. 수정의 광명은 깨끗하고 티가 없이 맑으며, 더러움이 없어 불보리원과 같아 제일 상품으로 여긴다. 수정 염주는 불보리원으로 아미타불 국토를 통달한 것과 같다. 진언을 송하는 행자는 염주로 10바라밀의 공덕을 얻고, 몸으로 위없는 깨달음의 과보를 얻는다.

구슬을 잡아서 돌리면[捁] 수행자의 4중5역, 업장, 과보로 장애하는 죄를 모두 멸할 수 있다. 수정의 광명이 색의 상(相)을 받아들이지 않기 때문이다.

단(壇)을 달리하면 수행자는 원하는 송경(誦經), 염불(念佛), 송주(誦呪)에 따라 재료를 달리하여 사용해야 한다. 단에 맞는 수주를 사용해야 원을 따라서 공덕의 효험을 얻을 수 있다는 것이다. 「불설작수주법상품」에서는 4종류의 재료를 제시하고 있다.

염불을 행하고자 하면, 『불설목환자경』에서 보인 것과 같이 목환나무의 열매로 만든 수주를 사용해야 한다.

송주를 수지하고자 하면, 아미타불을 뵙고자 하는 것이

므로 업장인 과보를 멸하는 4가지 보배로 만든 수주를 사용해야 한다.

보살주법(菩薩呪法)을 짓고자[作] 하면, 보리수의 열매로 만든 수주를 사용해야 한다. 만약에 보리수염주가 없으면 연꽃의 씨로 만든 수주로 할 수 있다.

화두금강(火頭金剛)을 짓고자[作] 하면, 살색[肉色]의 마노 종류로 수주를 만들어야 한다. 화두금강은 오추사마로 불리는 예적금강이다.

이와 같이 수주를 쓰는 것이 법상(法相)에 부합한다는 것이다.

법상(法相)에 부합하는 수주를 만드는 법은 다음과 같은 과정을 거쳐야 한다.

첫째는 수주 만드는 장인을 부르는 것이다. 값을 따지지 말고, 정미롭고 좋은 것을 취하도록 힘써야 한다.

재료는 다른 곳에 사용한 적이 없는 것으로 한다. 그리고 하나하나 투명하고 깨끗하며 깨지거나 흠이 없는 것을 택한다. 달걀같이 원만하게 둥글고 깨끗한 것으로 한다. 크기는 재료의 크기에 따른다.

장인은 팔재계(八齋戒)를 받는다. 향탕으로 목욕하고 깨끗한 새 옷을 입어야 한다. 그리고 호신주를 한다. 도량에 번과 꽃을 걸어 장엄하고, 향수로 문질러서 하나의 단[壇子]을 만든다. 이 작은 단을 만드는 이유는 구슬을 만들 때마다 구슬을 올려놓기 위해서이다.

날마다 꽃과 향으로 공양한다. 2개의 쟁반을 짝으로 하여 떡과 과일로 공양한다. 그리고 밤에는 별도의 등잔 7개로 등을 켠다.

이와 같이 108개의 구슬로 수주를 만들면, 모습[相]을 갖춘 염주가 된다. 악과 귀신이 들러붙지 않게 되고 복력이 구족하여 모든 원을 성취하게 된다.

염주알 만들기가 끝나면, 별도로 기자(記子)를 만들어야 한다. 기자는 108개의 구슬로 이루어진 염주를 몇 번 돌렸나를 세기 위한 도구이다. 모주(母珠)는 금으로 하고, 다시 10개의 구슬은 은으로 만들어서 기자를 채운다. 이러한 법상으로 만든 수주를 사용해야 삼보의 가피와 호념을 얻는다. 그리고 아미타불의 서방정토에 왕생한다.

기자를 만들면, 마침내 수주 만들기가 끝나는 것이다. 이와 달리 티베트불교에서는 별도로 2줄에 링을 10개씩 달고 술을 매달아 구슬을 꿴 실에 붙여서 하나의 염주로 만든다.

티베트불교의 기자염주
출처: 『Tibetan buddhist symbols』(2003) p.189

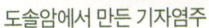
도솔암에서 만든 기자염주

    108개의 알로 된 염주와 기자 만들기가 끝나면, 온갖 향수로 구슬을 닦는다. 그리고 7쟁반의 음식과 21등을 켜고, 불(佛)·반야보살·금강·제천 등을 청(請)하고, 공양을 알린다[仰啓]. 이 청(請)과 앙계(仰啓)로 삼보의 위신력이 있으며, 법사(法事)는 효험이 있게 된다.

    『불설다라니집경』에서는 또 부가적인 설명으로, 염주알을 꿰으며 송할 때 생기는 공덕도 알려준다. 불부(佛部)에서는 화상법에 따라 아미타불상을 그리기가 끝나면, 다음에 대반야상을 그린다. 인법(印法)을 지으며 발원을 하게 되는데, 이때도 염주를 손에 잡고 주(呪)를 송한다. 여기에서 작도주인

(作掐珠印)의 공덕을 말한다. 작도주인은 염주알을 하나하나 끊을 때 생기는 공덕이다.

염주를 사용하여 송주하는 자세를 지으며 구슬을 하나하나 끊어 돌릴 때, 10가지 공덕이 있다고 한다. 8월 보름날에 건립하는 반야단(般若壇)의 작도주인 공덕은 다음과 같다. 이 작도주인은 19가지의 반야바라밀다대심경인(般若波羅蜜多大心經印) 중에 하나이다.

작도주인(作掐珠印)

만일 이와 같이 염주를 굴려 10가지 상서로운 상을 얻으면 곧 효험이 있는 줄 알아야 한다.
무엇이 열 가지인가?
첫 번째는 형상[像] 위에서 광명이 나오는 것이고,
두 번째는 바람이 불지 않는데도 도량 가운데 있는 번기가 자연히 흔들리는 것이고,
세 번째는 구름이 덮이지 않았는데도 하늘에서 천둥소리가 나는 것이고,
네 번째는 도량 가운데 있는 등불의 불꽃이 서너 자 되게 타오르는 것이며,
다섯 번째는 향로 가운데서 사람이 향을 피우지 않았는데도 향 연기가 저절로 나오는 것이다.
여섯 번째는 공중에서 온갖 음악소리가 들리는 것이고,
일곱 번째는 사방이 무사(無事)하고 복과 수명이 해마다 증장되며 온갖 질병이 없고 사자와 호랑이와 모든 독충 등이 능히 해치지 못하는 것이며,

여덟 번째는 5욕(欲)의 경계에 마음이 물들지 않는 것이고,
아홉 번째는 모든 악마와 귀신들이 어지럽게 시킬 수 없어 자신과 남의 병을 치료하면 곧 낫게 되는 것이며,
열 번째는 부처님과 보살과 금강과 천 등을 뵙거나 꿈속에서 부처님과 보살을 뵙거나, 높은 산에 올라가거나, 높은 나무에 올라가거나, 배를 타고 저 언덕으로 건너가거나 코끼리와 말을 타거나 스승과 부모와 선지식을 보는 것이다.
(T18, 811쪽 하)

이것이 반야단법에서 반야상의 인상을 그리며, 염주를 굴리며 정해진 숫자를 염송한 결과의 공덕이다. 일 년 중에 가장 큰 달이 되는 8월 15일에 관음보살이 시현하여 내가 원하는 것을 이루어준다. 7·9·10번째 공덕은 관음신앙에서 중생이 바라는 원의 내용과 일치하고 있다.

초기에는 염주를 단순히 업장을 소멸하는 도구로 사용하였다. 그러다 차츰 의미가 확장되어 염주를 구성하고 있는 재료와 끊어 돌리는 법에도 뜻을 부여하여 공덕이 있다고 강조한다. 이러한 염주 수행법의 의미 변화는 〈고려수월관음도〉에서 관음보살이 손에 붉은 실을 꿴 수정염주를 들고 있는 도상으로 더욱 친숙하게 나타난다. 염주를 사용하는 공덕은 반야상을 통해서 설명되지만, 반야보살을 관음보살로 변

용하여 수용하는 것에 큰 어려움은 없었을 것이다.

　〈고려수월관음도〉의 도상은 『화엄경』 28번째 선지식인 관음보살을 묘사하는 내용이다. 한국불교에서 불화의 도상으로 염주를 수용할 때, 염주는 수행도구로 이해하기보다는 관음보살이 지니는 지물의 상징으로 더 친숙하게 다가온다.

7 | 연명(延命)하는
　　　보리수염주의 공덕

　『불설목환자경』은 수주를 만들게 된 인연담 이야기였다. 그리고 「불설작수주법상품」은 수주의 갖춘 모습과 그 뜻을 설명하였다. 지금 이야기할 『불설교량수주공덕경』은 보사유(寶思惟, ?-721)가 번역한 경전이며, 보리수나무 아래서 일어나는 신이의 공덕 이야기이다. 보리수 아래에서 부처님이 깨달은 이야기와 외도가 죽은 아들을 그 보리수 아래에 눕혀서 되살리려는 이야기가 전개된다. 그리고 수주를 만드는 재료와 진언의 송주 횟수를 세는 것에 따라 생기는 공덕을 설명하고 있어 경전 제목을 '교량'이라고 한 것이다. 의정(義淨, 635-713)이 번역한 『문수사리주장중교량수주공덕경』도 거의 동일한 내용이다.

『불설교량수주공덕경』(경전 원문: 172쪽 참조)

* 참조: 고려대장경 제11권 1063쪽 / 한글대장경 257권 / 대정신수대장경 제17권 no.788

그때 문수사리법왕자(文殊師利法王子) 보살마하살이 모든 유정을 이롭게 하고자 큰 자비심으로 여러 대중에게 알렸다.
"너희들은 잘 들어라. 내가 지금 수주(數珠)를 받아 지니고, 공덕을 헤아리며 차별을 얻어 이익하게 함을 연설하리라. 만약 모든 다라니 및 부처님 명호를 송(誦)하고 염(念)하는 자가 자기를 이익하게 하고 또 다른 이를 보호하고자 하고, 모든 법을 속히 얻어 징험을 이루려는 자가 있다면 이 수주법(數珠法)으로 이와 같음에 응하여 반드시 마땅히 수지해야 한다.

철을 쓴 수주이면 1바퀴를 송하며, 끊어 돌리면 복은 5배를 얻는다.
적동(赤銅)을 쓴 수주이면 1바퀴를 송하며, 끊어 돌리면 복은 10배를 얻는다.
진주·산호 등을 쓴 수주이면 1바퀴 송하며, 끊어 돌리면 복은 100배를 얻는다.
목환자를 쓴 수주이면 1바퀴를 송하며, 끊어 돌리면 복은 1,000배를 얻는다. 만약 모든 부처님의 정토와 천궁에 왕생하기를 구하고자 하면, 이 구슬[珠]을 응당 수지해야 한다.
연자(蓮子)를 쓴 수주이면 1바퀴를 송하며, 끊어 돌리면 복은 만 배를 얻는다.

인다라가차(因陀囉佉叉, indra-akṣa)를 쓴 수주이면 1바퀴를 송하며, 끊어 돌리면 복은 백만 배를 얻는다.

오로다라가차(烏嚧陀囉佉叉, rudra-akṣa)를 쓴 수주이면 1바퀴를 송하며, 끊어 돌리면 복은 천만 배를 얻는다.

수정(水精)을 쓴 수주이면 1바퀴를 송하며, 끊어 돌리면 복은 만만 배를 얻는다.

만약 보리수 씨[菩提子]를 쓴 수주이면, 송하며 끊어 돌리거나 혹 단지 손에 가지고 있거나 해서 수를 1바퀴를 송하면, 그 복은 무량하여 셀 수 없으며 양을 비교할 수 없다. 모든 선남자야, 이것이 보리자이다.

만약 또 어떤 사람이 손에 이 구슬을 쥐고 있지만, 법에 의지하지 않고 부처님의 명호와 다라니를 염송(念誦)하였다고 하자. 이 선남자는 단지 손에 가지고서 몸의 행주좌와(行住坐臥)를 따라서 내뱉는 말이 혹은 선(善)하기도 하고 혹은 악(惡)하기도 하더라도, 이러한 이유로 이 사람은 보리수의 열매를 지닌 것이기 때문에 복은 동등하여 같음을 얻는다. 모든 불(佛)을 염(念)하는 것과 같이 주(呪)를 송(誦)하는 것과 다르지 않으며 복은 무량을 얻는다.

그 수주(數珠)는 108과(顆)를 반드시 꼭 채우는 것이 중요하다. 이같이 하기 힘들면, 혹 54로 하거나, 혹은 27로 하거나, 혹은 14로 하는 것도 또한 모두 쓸 수 있다. 이것이 바로 수주법의 모습 차별(差別)이다."

"모든 선남자야. 무슨 인연으로 내가 지금 보리수의 열매를 쓴 것을 홀로 찬탄하며 이익의 가장 수승을 얻는다고 하는가?

모든 사람들아. 나는 너희들을 위해서 거듭 설하리라.
옛날 과거의 인연으로 한 부처님[佛]이 세상에 출현하시어 보리수 아래에 있으며 등정각을 이루었다.
이때, 한 외도는 삿되고 전도된 견해를 믿고서 삼보를 비방하였다. 그에게 한 아들이 있었는데, 갑자기 인간이 아닌 것[非人]에게 타살을 당하였다.
외도는 말을 생각하였다.
'내가 지금 삿됨이 성하여서 모든 부처님이 어떤 신통력을 가졌는지 살피지 못하였다. 여래께서 이미 이 나무 아래에 있으면서 등정각을 이루었다. 만일 부처님이 성인이라면, 나무는 응당 감응이 있으리라.'

곧 죽은 아들을 가지고 와서 보리수 아래에 눕혀놓았다.
그리고 이와 같은 말을 하였다.
'깨달음의 나무가 성스럽다면, 나의 아들은 반드시 소생할 거야.'
7일 동안 부처님의 명호를 송(誦)하며 염(念)하자, 그의 아들은 다시 소생하였다.
외도는 찬탄하며 말하였다.
'모든 부처님의 신통력을 나는 아직 본 일은 없지만, 부처님이 깨달음을 이룬 나무는 이러한 드물고 기이함을 나타내는구나. 너무나 큰 위덕은 생각하기 어렵구나.'

여러 외도들은 모두 삿됨을 버리고 바른 법에 귀의하여, 보리심을 일으키고, 부처님의 신력이 불가사의함을 믿고 알게 되었다.

모든 사람들은 목숨을 늘려준 나무[延命樹]라고 널리 불렀다. 이 인연으로 이 2가지 이름이 있게 되었다. 당연히 그것을 알아야 한다. 나는 너희들을 위하여, 그 요긴한 것을 보인다."

이 말을 설하고 나자, 부처님께서 말씀하셨다.
"훌륭하고 훌륭하구나. 문수사리법왕자여, 네가 말한 것과 같이 다름이 하나도 없다."
모든 대중은 이 수주를 지닌 공덕을 교량하는 것을 듣고서, 모두 크게 기뻐하며, 믿어 받들어서 행하였다.

|풀이|
- 가차(佉叉): akṣa. 범어를 소리 나는 대로 적어 악차(惡叉)로도 표기하는데, 악차수(惡叉樹)를 가리키는 이름이다. '약샤'를 뒤에 붙인 rudrākṣa는 금강수(金剛樹)를 가리킨다.

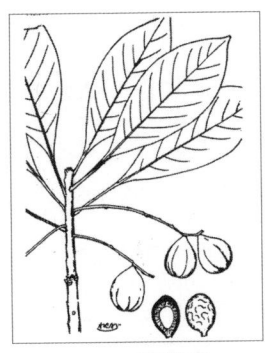 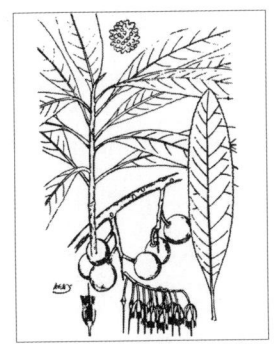

Akṣa(毘醯勒果)　　　　Rudra-akṣa(惡叉聚)

출처:『佛敎植物辭典』(1982) p.90 no.362/p.11 no.28

- 오로다라가차(烏嚧陀囉佉叉): rudra-akṣa. 금강수로 만든 수주를 말한다. 금강수 열매를 실로 꿰어서 염주로 사용한 것이다.
- 인다라가차(因陀囉佉叉): indra-akṣa를 읽어 소리 나는 대로 표기한 것이다. 일반적으로 알려진 무환(無患) 나무와는 다르나 같은 무환수 계통의 일종이다. 인도신인 인드라는 힌두교의 신으로 하늘, 번개, 날씨, 천둥, 폭풍, 비, 강의 흐름, 전쟁 등과 관련이 매우 깊다.

자비심으로 수주 공덕의 차별을 설하는 이야기이다. 차별이란 재료와 수주를 돌리는 횟수에 따라 공덕이 다르다는 것을 뜻한다. 수주의 재료와 횟수에 따라 다른 것은 단(壇)을 시설하는 성격과 밀접한 관계가 있다. 엄밀하게 말하면 밀교 의궤, 즉 목적하는 단의 성격에 따른다는 것이다.

이 경전의 내용에는 3부의 구성이 보이나 외형으로 분명하게 드러나지는 않는다. 그러나 다음에 설명하는 『금강정유가염주경』에서는 5부(部)로 구성된다. 5부는 불부, 연화부, 금강부, 보부, 갈마부이다. 5부는 금강정경계에서 완성되는 밀교계 만다라 구성이다. 그러나 중기 밀교를 수용한 한국 밀교에서는 불부·연화부·금강부 3부로 구성하는 경우가 훨씬 많다. 5부로 넘어가는 중간 단계인 3부지만, 이해방식에 변용이 일어나고 있어 티베트불교와 비교가 쉽지 않다. 한국 밀교의 특수성 내지는 고유성을 가지고 있다는 뜻이다.

수주의 모든 복과 공덕은 수주를 1바퀴 손으로 끊어서

하나하나 돌리는 것을 원칙으로 한다. 이 한 바퀴를 편(遍)이라고 말한다.

수주법의 상차별(相差別)은 다음과 같다. 상(相)은 재료와 개수에 의미를 부여하여 나타내는 모습이다.

우선 수주의 재료는 철, 적동, 진주와 산호, 목환수, 연자, 인다라가차, 오로다라가차, 수정, 보리수 9종류를 들고 있다. 여기서 인다라가차와 오로다라가차는 범어로는 indra-akṣa와 rudra-akṣa를 소리 나는 대로 적은 음사이다. 뒤에 붙은 akṣa는 악차(惡叉)로 표기하는데, '약샤'에 가까운 소리로 발음된다. 인드라(indra)와 루드라(rudra)는 인도신과 관련이 깊다. indra는 힌두교신의 일종으로 왕으로 간주되며 하늘, 번개, 날씨, 천둥, 폭풍, 비, 강의 흐름, 전쟁 등으로 상징된다. rudra는 인도 시바신과 관련이 있으며 바람, 폭풍 등을 비유하며 포효자 또는 울부짖다로 번역된다. 양쪽 모두 힘을 상징하는 말이다. 인드라, 루드라, 약샤 3가지 모두 금강이라는 나무의 일종을 가리킨다. 금강을 상징하는 나무이며, 수주의 재료로 사용하면 악을 조복 또는 항복시키는 공능이 있다고 생각하여 금강부에 사용하는 것이다.

수주의 개수는 108과(顆)를 채운 것이 가장 좋다. 채우지 못하는 경우 108과에서 시작하여 반씩 줄여나가면서 숫자를 정한다. 108과, 54과, 27과, 14과이다. 수주는 부처님의 명호와 다라니를 염송하지 않고 손에 들고 있기만 해도 복이 있다. 손에 들고 있으면 행주좌와에 따라 공덕이 있게 된다. 보리수는 부처님께서 깨달은 곳이다. 때문에 9가지 재료의 염주 중에 가장 좋은 것은 보리수로 만든 수주이다.

삼보를 믿지도 않고 비방하는 한 외도가 있었다. 어느 날 외도의 아들은 인간이 아닌 것에 의해서 타살되었다. 외도는 부처님이 보리수 아래서 깨달은 것과 같이 보리수가 신통력이 있다면, 아들을 살릴 수 있을 것이라고 생각했다. 외도는 죽은 아들을 보리수 아래에 눕혀놓았다. 그리고 7일 동안 부처님의 명호를 송하고 염하였다. 7일이 지나자 아들이 소생하였다. 이를 본 외도들은 부처님께 귀의하였다. 그러자 보리수에 목숨이 서렸다고 하여, 연명수(延命樹)로 불리게 되었다. 이후부터 보리수는 연명수라는 이름으로도 널리 퍼졌다고 한다.

재료에 따라서 수주의 복은 다음과 같다. 철은 5배, 적동은 10배, 진주와 산호는 100배, 목환수는 1,000배, 연자는 만 배, 인다라가차는 백만 배, 오로다라가차는 천만 배, 수정은 만만 배, 보리수는 무량하다. 특히 정토왕생을 발원하면 반드시 목환수를 써야 하며, 보리수의 복과 공덕은 무엇과도 비교할 수 없다고 한다.

8 | 변현(變現)하는
　　금강수보살의 명왕(明王)

　　4세기경 염주는 삼보의 칭념을 세기 위한 도구였다. 그러나 8세기경에 이르러서 밀교의례가 발전하며 경전의 구성에도 약간 변화가 생겼다. 불공(不空, Amoghavajra, 705-774)이 번역한 『금강정유가염주경』에서 수주는 유가행의 최승 수행법 도구로 나타난다. 이 경전은 당(唐) 덕종(德宗)의 칙령으로 원조(圓照)가 찬술한 『정원신정석교목록』(799)에 처음 들어가게 된다. 이때 『금강정유가염주경』은 『불설교량수주공덕경』, 『신역목환경』(불공 역), 『수주공덕경』과 함께 입장된다. 입장은 대장경 목록에 들어간다는 뜻으로, 당시 황제가 경전으로 인정한다는 의미이기 때문에 권위를 공식적으로 인정받았다는 것이다.

8세기 중국불교는 『대일경』과 『금강정경』 중심의 중기 밀교 의례가 성행하기 시작하던 시기였다. 당시 유행하던 경전의 성격으로 유추해보면, 염주가 초기 염송하는 숫자를 세기 위한 성격에서 벗어나 점차 의궤에서 사용하는 불구로 변화하고 있음을 알 수 있다. 경전 제목에 보이는 '금강정(金剛頂)'과 '유가(瑜伽)'에서 알 수 있듯이 염주를 유가수행법의 도구로 받아들이고 있다. 이때 수주가 아닌 염주란 이름이 제목에 등장하는 것은 진언을 송하는 횟수를 센다는 수주의 뜻보다 염불의 뜻을 강하게 받아들였음을 알려준다. 염불은 소리 내어 불(佛)의 명호를 칭명한다는 뜻보다는 불(佛)의 모습을 마음의 상(想)으로 띄워 올린다는 관상(觀想)의 의미이다.

'금강정(金剛頂)'은 금강정경계 밀교경전을 통칭하는 말이며, '금강(金剛)'은 이치의 체[理體]가 항상 상주하고 무너지지 않으며, 지혜의 쓰임[智用]이 날카로우며 이롭다는 것이다. '정(頂)'은 정수리를 말하는데 최승(最勝), 존상(尊上)의 뜻이다. '유가(瑜伽)'는 yoga로 한곳에 집중하여 상응(相應)하는 지관(止觀)을 닦는 관행법을 가리킨다. 이는 cittaikāgratā, 즉 마음[citta]과 경계[gocara]가 하나가 되는 심일경성(心一境性)의 경계로 나타남을 뜻한다.

『금강정유가염주경』 후반부에서 '염주를 꿰어 가지(加持)

하는 법'은 『소실지경(蘇悉地經)』과 같다고 밝히고 있어, 어디에서 인용하였는지 경의 출전을 밝히고 있다. 선무외(善無畏, 637-735)가 번역한 『소실지갈라경』 중권 「공양차제법품(供養次第法品)」을 가리킨다. 『소실지갈라경』은 『대일경』 성립에 많은 영향을 주고 있는 경전이므로 「공양차제법품」의 성격을 먼저 알아야 『금강정유가염주경』을 이해할 수 있다.

『소실지갈라경』은 분노군다리보살이 집금강(執金剛)보살에게 명왕만다라법(明王曼荼羅法)과 차제(次第), 명왕 및 권속의 증험에 대해 문답하는 내용이다. 소실지갈라는 susiddhikāra로 '행하는 업을 묘하게 성취한다'는 뜻이다. 명왕의 성취를 위해서 진언의 염송은 매우 중요한 요소이다. 총 37품으로 되어 있는 『소실지갈라경』에서 「공양차제법품」 이전의 내용은 다음과 같다. 염주의 뜻과 관련된 내용 중심으로 정리한 것이다.

『소실지갈라경』 전체 요약

- 분노군다리보살이 집금강존자에게 묻는다. 집금강존자가 있는 곳에 명왕의 만다라법과 차제, 신비한 증험과 위덕이 있는 것에 대하여. 그리고 진언을 수지 독송해서 성취하는 법을 제시한다.
- 부류(部類)의 존주(尊主)에게 합장하고 정례하고, 명왕을 억념한다.

- 법에 따라 하고자 하는 일을 지으며, 오른손으로 수주(數珠)를 잡아 왼손 가운데 놓고서 합장하여 들어 올린다. 명왕을 사념(思念)하면서 수주를 써서 진언을 송한다. 금강부(金剛部)진언, 불부진언, 연화부진언을 송한다.
- 두 손의 집게손가락과 약지손가락을 누르고, 오른손은 빼면서 송한다. 모든 부(部)에 통용된다.
- 아비차로가법(abhicāraka, 調伏 降伏)은 엄지손가락을 뉘어서 수주인(數珠印)을 염송한다. 보리자염주는 불부에서 염송하고, 연화자염주는 관음부에 쓰이며, 노나라차자(嚕梛囉叉子, rudrākṣa, 金剛樹)염주는 금강부의 염주인데 3부에 두루 사용된다. 이와 같은 수주가 최상으로 쓰인다.
- 모든 염송은 잡고 해야 하며, 목환(木患)을 쓰고, 다라수자(多羅樹子)를 쓰고, 흙을 쓰고, 나선(螺璇)으로 염주를 만들고, 수정·진주·아(牙)·적주(赤珠)를 쓴다. 혹은 모든 마니나 의이주(薏苡珠, 율무)와 그 밖의 풀에 달린 열매를 써서 만든다.
- 각 부(部)에 따라 색의 종류를 살펴서, 취하여 염(念)하고 지녀야 한다. 아비차로가법은 모든 뼈를 써서 수주를 만들어야 속히 성취를 얻는다.
- 호신법, 작정법(作淨法), 증익법에 효험을 위해서는 다시 송해야 한다. 불부진언, 연화부의 증험(增驗)진언, 금강부의 증험진언을 송한다. 앞의 주인(珠印)을 사용해서 염송한다.
- 염주를 가슴 앞에서 위아래로 움직이지 말고, 염주를 받들 때는 머리를 조금 숙여 뜻을 모으고 정성스러운 마음으로 삼보에 예를 올린다. 팔대보살(八大菩薩)·명왕의 권속에게 예를 올린다. 진언을 지송한다. 진언주(眞言主)가 마치 눈앞에 있는 것처럼 생각하고 정성을 기울여서 산란한 마음으로 다른 경계를 반연해서는 안 된다. 다만 진언의 처음에 옴(唵, oṃ) 자와 나마새가람(曩麼塞迦囕, namaskalaṃ) 등의 글자가 있으면 반드시 고요한 마음속에서 염송해야 한다.
- 선지가법(śāntika, 息災)과 보슬치가법(puṣṭika, 增益)을 행할 때는 천천

히 염송해야 하며, 마음속으로 염송하기도 한다. 혹은 진언의 끝에 훔(斛, hūṃ) 자와 반타(泮吒, phaṭ) 자가 있으면, 모두 빠르게 염송해야 한다. 아비차로가법을 행할 때와 그 밖의 분노가 일어났을 때 사용한다.

- 진언자(眞言字)의 수(數)가 많고 적음을 보고, 글자가 15자면 15낙차(落叉, lakṣa, 십만) 번, 33자면 3낙차를 염송해야 한다. 이 숫자를 넘으면 1만 번 이상을 염송해야 한다.

『소실지갈라경』 시작 부분에서 말하는 '부류의 존주에게 합장하고 정례하며 명왕을 억념한다'는 내용은 경전에서 시설하는 단(壇)의 성격을 나타내고 있다. 명왕(明王)을 청하는 것은 사방의 주관자로 불리는 변현의 명왕을 소청하는 것이다. 집금강수보살이 명왕으로 나타난다는 뜻이다. 그리고 진언상(眞言相)을 잘 알아서 공양해야만 명왕으로 인한 식재·증익·항복을 성취하게 된다. 조복을 성취하기 위해서 수주인(數珠印)을 하고 엄지손가락으로 나누며 세면서 염송한다. 보리자염주는 불부, 연화자염주는 연화부(관음부), 금강수염주는 금강부에서 사용한다. 염주의 재료는 목환, 다라수자·흙·나선(螺旋)·수정·진주·아(牙)·적주(赤珠)·율무·풀 등을 사용할 수 있으며, 형편에 따라 달리한다. 각 부에 맞는 염주색도 정한다. 특히 조복에는 뼈로 된 염주를 사용하면 성취의 효험이 있다고 하니, 고대 인도인의 영향이 남아 있다는 것을 알 수 있다.

염주를 사용할 때는 앞을 똑바로 보고 약간 숙인 후에, 정성을 다하여 삼보에게 예를 올리고, 팔대보살과 명왕에게 예를 올려야 한다. 이때 진언의 주인이 앞에 있는 듯이 하여 정성을 다하는 마음가짐이 중요하다. 또한 진언의 글자 수와 형태에 따라 호흡을 조절하며 송하는 법도 달라진다.

위와 같은 내용의 경문이 있고, 이어서 여러 가지 음식을 공양하는「공양차제법품」이 있다.

단을 시설하고 염주에 대한 것을 알고, 그리고「공양차제법품」에서 말하는 음식을 공양해야 한다.「공양차제법품」의 제목에서 염송법이라고 설명하고 있으므로, 염주는 진언을 염송하는 공양법의 도구로 사용한다. 품의 이름인 '공양차제(供養次第)'는 공양하는 데 정해진 순서가 있다는 뜻이다. 본존을 부를 때, 반드시 결계하고 자기 자신을 호신해야 하며, 불부, 연화부, 금강부의 부류(部類)를 차례로 청한다. 이때 인계(印契)를 맺고 진언을 염송하는 데 염주를 사용한다.

『금강정유가염주경』은『소실지갈라경』「공양차제법품」의 구성으로 되어 있으며, 염주를 사용할 때 알아야 할 내용을 정형화한 것이다.「불설작수주법상품」에서는 아미타삼존

불, 「공양차제법품」에서는 명왕이 등장하지만, 『금강정유가염주경』에서는 다른 주존이 등장한다. 『소실지갈라경』에서는 분노군다리보살과 집금강존자로 시작하지만, 이 『금강정유가염주경』에는 비로자나불과 금강수(金剛手)보살의 관계로 나타난다. 5부로 설명하는 밀교의 관상법(觀想法)은 비로자나불, 분노군다리보살, 금강수보살, 명왕 등이 모두 변현(變現)하기 때문에 외형은 다르나 질적인 작용은 동일한 존재로 여긴다. 이러한 밀교관상법을 경전에서는 염주의 공덕과 이익을 들으면 곧 실지(悉地, siddhi, 성취)한다고 하였다.

『금강정유가염주경』은 금강살타(金剛薩埵)보살이 5부 성취의 내용을 게송으로 다시 설하는 내용이다. 서분과 마지막에서 출처를 밝힌 내용을 제외하면, 총 11개의 게송으로 구성되어 있다. 경의 내용을 6부분으로 나누어 설명하면 이해하기가 쉽다.

『금강정유가염주경』(경전 원문: 174쪽 참조)

* 참조: 고려대장경 제36권 711쪽 / 한글대장경 297권 / 대정신수대장경 제17권 no.789

<서분>

그때 비로자나(毘盧遮那)부처님께서 금강수(金剛手)에게 말씀하셨다.

"기특하고, 기특하구나. 진언행(真言行)을 닦는 모든 보살들을 위해 모든 의궤(儀軌)를 설하리라. 그러면 바로 미래의 모든 중생을 불쌍히 여겨 염주(念珠) 공덕의 뛰어난 이익을 설하여라. 이와 같이 묘한 뜻에 나아가는 것[意趣]을 들었기 때문에 실지(悉地, siddhi, 성취)를 속히 증득할 것이다."

그때 금강살타(金剛薩埵)보살이 부처님께 여쭈었다.

"오직 그렇게 하겠습니다. 세존이시여, 저는 지금 그것을 설하겠습니다."

이때 금강살타보살은 게송으로 말하였다.

① 귀경게
구슬은 보살의 수승한 과(果)를 나타내며
중간을 끊는 것은 번뇌 끊기 위함이다.
실로 꿴 것은 관세음보살을 나타내며
모주(母珠)는 무량수불을 드러낸다.

② 공덕 교량분
마구 지나쳐 법을 넘는 죄 짓지 말며
모두 염주로 공덕을 쌓는다.
자거(硨磲)로 만든 염주는 복이 한 배(倍)요
목환자(木槵子)로 만든 염주는 복이 두 배요
철(鐵)로 된 염주는 복이 세 배요
숙동(熟銅)으로 만든 염주는 복이 네 배요

수정과 진주 등 모든 보배
이와 같은 염주는 복이 백 배다.
제석자(帝釋子)로 만든 염주는 공덕이 천 배요
금강자(金剛子)로 만든 염주는 복이 구지(俱胝, koṭi, 億)요
연자(蓮子)로 만든 염주는 복이 천 구지요
보리자(菩提子)로 만든 염주는 복이 한량없다.

③ 5부의 재료
불부(佛部)는 보리자로 염송하고
금강부(金剛部)의 법은 금강자이며
보부(寶部)의 염송은 보배로 하고
연화부(蓮花部)의 주(珠)는 연자를 쓰며
갈마부(羯磨部)에서 사용하는 염주는
온갖 구슬을 사이사이 섞어 꿰어 만든다.

④ 염주의 상품(相品)
염주는 네 가지로 분별하나니
상품과 최승과 중품과 하품이다.
1,080염주는 상품(上品)이고
108염주는 최승(最勝)이고
54염주는 중품(中品)이고
27염주는 하품(下品)이다.

⑤ 염주의 인법(印法)
두 손으로 염주를 잡고 가슴 위에 놓고
고요해져[靜慮] 생각이 여읜 마음을 한곳에 모으면
본존(本尊) 유가(瑜伽)의 심일경(心一境)으로
이(理)와 사(事)법을 모두 성취하게 된다.

머리 위[頂髻]에 놓거나 몸[身]을 꾸미거나
혹은 목 위[頸上]에 놓거나 팔[臂]에 놓고
설한 말과 글[言論]로 염송(念誦)을 이루면
이 염송으로 3업을 깨끗하게 한다.

그래서 머리 위에 놓으면 무간지옥을 깨끗이 하고
그래서 목 위에 두르면 4중죄(重罪)를 깨끗이 하고
손으로 팔에 걸어놓으면 많은 죄를 없애서
수행자를 아주 빠르게 청정하게 한다.

⑥ 수행 성취분
만약 진언과 다라니를 닦고
모든 여래와 보살의 명호를 염송하면
무량한 최승의 공덕을 얻을 것이며
구하는 모든 최승의 소원 성취하리라.

<출처분>

염주를 꿰어 가지(加持)하는 법은 『소실지경(蘇悉地經)』과 같다. 이 『유가경(瑜伽經)』을 설하는데, 다만 이 공능(功能)과 이취(理趣)만 설하고 상응지(相應知)는 설명하지 않았다.

|풀이|
- 가지(加持): adhiṣṭhāna. 서로서로 더하여 들어가서, 즉 피차가 끌어당겨서 서로 보존한다는 뜻이다. 대일여래가 대비대지(大慈大智)로서 중생을 수순하고 중생을 돕는 작용이다.
- 갈마부(羯磨部): 불공성취불, 북쪽, 녹색, 시무외인. 활동은 작용과 성취이다.
- 금강부(金剛部): 아촉불, 동쪽, 청색, 촉지인. 활동은 힘[力]이다.
- 금강살타(金剛薩埵): vajra+sattva이며, 뜻으로는 금강+용맹심이다.
- 금강수(金剛手): 금강저를 손에 잡고서 항상 부처님을 모시고 지키는 것을 말한다.
- 보부(寶部): 보생불, 남쪽, 황색, 여원인. 활동은 재보(財寶)이다.
- 본존(本尊): 근본본존은 부처님의 가르침을 수행할 때, 무시이래로부터 의지하는 본유(本有)를 가르친다. 밀교에서는 대일여래로 보문(普門)의 본존으로 삼고, 모든 제불보살은 일문(一門)의 본존으로 삼는다. 본존은 크게 자(字), 인(印), 형(形)의 3종으로 나눌 수 있다. 자는 종자진언을 말하며, 인은 관세음의 상징인 연화이며 변자재천의 상징인 비파 등을 말하며, 형은 상호가 구족한 존형(尊形)이다.
- 불부(佛部): 여래부(如來部)라고도 하며, 비로자나불, 중앙, 백색, 지권인. 활동은 전체에 미친다.
- 실지(悉地): siddhi. 성취의 뜻이다.
- 심일경(心一境): 마음과 경계가 하나 되는 것을 말한다.
- 연화부(蓮花部): 법부(法部)라고도 하며, 아미타불, 서쪽, 적색, 선정인. 활동은 자비와 지혜이다.
- 오부(五部): 5불은 각각 불부(佛部), 연화부(蓮花部), 금강부(金剛部), 보부(寶部), 갈마부(羯磨部)라는 부족(部族)을 가진다. 그리고 5방위, 색, 결인, 정해진 활동 등이 있다.

밀교 수행법의 내용이라 설명하기가 매우 어렵지만, 간단히 이야기해보자. 모주(母珠)는 무량수불 즉 아미타불이며, 염주알(記子)은 중생의 번뇌를 끊고 중생의 고난에서 구제하고자 하는 관음보살이다. 관음보살이 중생을 구제하고자 하는 보살행의 마음이 꿰어진 실의 상징으로 나타난다. 그래서 염주를 돌리면서 끊임없이 신구의 삼밀(三密)을 수행하면, 비로자나불의 변현인 불(佛)의 오부(五部)로 인하여 모든 공덕과 소원을 이루게 된다. 결국 염주는 5불과 5부족을 상징하며, 비로자나불의 화현으로 수행자는 청정성을 유지하게 된다.

서분의 내용은 다음과 같다.

이 경전은 비로자나불이 금강수(金剛手)보살에게 진언행의 의궤에서 수주로 사용하는 염주의 공덕을 설하는 이야기이다. 진언행자가 염주의 공덕 이익을 설하면, 성취를 증득한다. 금강살타보살이 세존을 대신하여 설하는 것으로 되어 있다.

처음 제1게송 4구는 귀경게의 내용이다. 염주를 구성하고 있는 여러 요소들의 의미를 함축하여 설명하고 있다. 염주에 대한 총체적인 설명이기 때문에 아미타불에 대한 귀경게의 성격을 지니는 것이다. 구슬알 하나하나가 나누어져 있는 모습은 보살의 수행으로 번뇌를 끊는 것을 상징한다. 하나의 실로 연결하고 있는 모습은 무한한 보살행을 보여준다.

염주에서 기준이 되는 모주(母珠)는 아미타불을 상징한다. 염송한 전체 횟수를 세기 위한 기자(記子)도 크게 관음보살의 범위라고 할 수 있다.

염주는 아미타신앙과 관음신앙을 연결하며, 경전의 제목에 보이는 유가관행으로 비로자나불의 법신을 출현시킨다. 수행에 염주를 사용하는 것은 곧 수승한 보살의 공덕인 것이다.

다음 3게송은 공덕 교량분의 내용이다. 염주의 재료에 따른 공덕을 표시하는 교량분이다. 염주의 재료로 자거·목환자·철·숙동·수정·진주·제석자·금강자·연자·보리자 등을 쓸 수 있다. 그리고 구슬의 재료에 따라 복덕의 양이 다르다. 보리수염주가 복이 제일 많은 이유는 보리수나무 아래에서 부처님이 깨달았기 때문이다. 보리수나무의 신통력은 외도를 조복시키는 매개체로 등장하기도 한다.

다음 1게송 반은 5부(部)의 염주 재료에 대하여 말한다. 비로자나불이 변현하는 5부는 각 부에서 건립하는 단의 기능과 성격을 달리한다. 단의 성격에 따라서 염주의 재료 쓰임이 다르게 나타난다. 『불설교량수주공덕경』에서는 분명하지 않지만 3부의 구성이었으나 이 경전에서는 5부로 완성된 것을 보여준다. 금강계 오불(五佛)의 내중은 오지(五智)로 나타나며 염주의 재료와 염송의 횟수로 상징화된다.

다음 1게송 반은 염주 상품(相品)의 내용이다. 염주의 상(相)을 구슬의 개수에 따라 나누고 있다. 염주의 상(相)을 4등급으로 나누고, 상품은 1,080개, 최승품은 108개, 중품은 54개, 하품은 27개로 한다. 염주구슬의 기준은 108개를 1/2씩 줄여가면서 정한 것을 알 수 있다. 「불설작수주법상품」에서는 108개, 54개, 42개, 21개로 염주구슬을 나타냈다.

108개, 54개는 공통으로 나타나지만, 42개, 27개, 21개는 다른 뜻을 가지는 것 같다. 42개는 54에서 12를 빼면 나오는 숫자이다. 티베트의 염주에서 12는 12달을 의미하고 있다. 27이란 숫자는 108개에서 1/2씩 줄여나가면 나오는 숫자이다. 티베트의 염주에서 27은 황도의 숫자이다. 21이란 숫자는 경전 내에서 진언을 염송할 때 진언의 질을 뜻하는 경우가 많다. 예를 들면 동일한 진언인 경우 불부, 연화부, 금강부에서 송해야 할 횟수를 3·7, 2·7, 1·7로 표시하여 정하는 경우이다. 이때 21이 가장 큰 수이다. 한 경전 내에서 단의 성격은 다르지만 같은 진언을 사용하여 진언의 공능을 동일하게 쓸 수 있게 된다. 호신진언을 불부에서는 3·7로 쓰고, 연화부에서 2·7로 쓴다면, 그 공능은 동일하여 염송자를 호신할 수 있게 된다는 것이다. 하지만 불부와 연화부의 주존이 다르므로 공능이 미치는 범위가 다르다.

다음 3게송은 염주 인법(印法)의 내용이다. 염주를 돌리며 염송하며, 결인하는 인법(印法)으로 공덕과 공능을 나타낸다.

염주는 가슴 앞에 공손하게 들어 올리고, 입으로 염송하며 손으로 수인(手印)을 맺고 마음으로 관상(觀想)을 한다. 진언을 염송하고, 수인을 맺고, 관상하는 것은 신구의 삼밀(身口意三密)의 수행법이다. 삼밀이 이루어질 때, 마음과 경계가 하나되는 심일경(心一境)을 이룬다. 이(理)와 사(事)가 하나가 되는 것이다. 나와 본존(本尊)이 유가(瑜伽)로 하나가 되는 것은 곧 비로자나불과 금강수보살이 하나가 되고 또 금강살타도 하나가 된다는 뜻이다. 비로자나불이 5불의 5부족으로 각각 변현하는 것이다. 이러한 상태가 되면, 머리 위나 몸 또는 몸과 팔에 염주를 지니고 행하는 사람이 청정성을 얻는 것은 당연하다. 그러면 최상의 존승이 된다. 유가행의 성취이며, 주존인 비로자나불의 변현으로 완성된다.

마지막 1게송은 수행 성취분의 내용이다. 염주 수행의 공덕을 강조하는 것으로 결론을 맺는다. 염주를 사용하여 진언과 다라니를 수행하고, 여래와 보살의 명호를 염송하면, 최승의 공덕과 최승의 원을 성취한다는 것이다.

마지막은 이 경전이 어떤 경에 의거한 것인지 출처를 밝혔다. 『금강정유가염주경』은 『소실지갈라경』에 의거하였다고 하여, 내용이 밀교계 수행법으로 구성되었음을 알 수 있다.

『금강정유가염주경』에서 염주의 의미는 주존인 비로자나불의 화현을 촉발하는 수행도구로 강조된다. 이 경은 『불설목환자경』, 『불설다라니집경』, 『불설교량수주공덕경』에 보이는 염주의 기능과 의미를 모두 포함하고 있을 뿐만 아니라 유가행의 관법으로 발전하고 있다. 염천에 태어나기를 바라는 것에서 벗어나 수행자의 수행완성으로 변화한다. 『불설교량수주공덕경』은 불부·금강부·연화부 3부 염송으로 구성되어 있다. 『금강정유가염주경』에서는 보부·갈마부가 더해진 5부 염송의 구성을 완성한다. 유가행법의 심일경성(心一境性)을 이룬다는 의미이다.

초기 경전에서는 칭명을 세는 수주라는 염주의 기능과 의미에서 관법으로 큰 변화를 보이는 것이다. 염송의 공덕뿐만 아니라, 공덕을 가진 염주가 몸의 어떠한 한 부분에라도 닿으면 삼업을 깨끗하게 하여 청정을 얻게 된다. 염주알은 염송의 개수를 세기 위해 1,080개, 108개, 54개, 27개, 21개로 정할 수 있다. 공양법에서 진언을 세는 횟수는 최대치가 21번인데, 이에 따르면 21개 구슬도 만들 수 있다.

9 | 수주를 만드는 의궤

 수주를 만드는 데 필요한 구슬의 개수와 재료는 경전에서 정한 규칙인 법상(法相)에 따라야 한다. 또 수주의 구슬 또는 알은 특정 나무이거나 연꽃 등 불교와 관련 있는 식물의 열매이다. 뿐만 아니라 사용하는 재료에 따라서 공덕에도 차이가 있다. 재료로는 철이나 수정·진주·산호 등도 사용할 수 있지만, 가장 의미 있는 것은 부처님을 상징하는 연꽃이나 보리수와 같은 식물의 열매이다.

 그렇다면 염주를 만들 수 있는 식물에서 얻은 열매는 모두 사용할 수 있을까? 그렇지 않다. 열매를 딸 수 있는 식물도 일정한 규칙에 따라 선택한다. 여기서 일정한 규칙이란 불교에서 말하는 의궤에 따라 행해진 조건에 부합하는 식물의 열매로 정하는 것이다. 재료로 할 식물이 정해진다고 해도 해당 식물에서 얻은 모든 열매가 사용 가능한 것은 아니다. 여기에도 다양한 조건이 있다. 흠결이 없는 열매가 가장 좋다. 이러한 규칙과 조건을 설명하고 있는 경전이 바로 『대방광보살장문수사리근본의궤경』「수주의칙품(數珠儀則品)」이다. 부처님께서 정광천(淨光天)에 있는 대중을 보고 수주의 의칙(儀則)을 묘길상동자에게 알려주는 이야기로 시작한다.

『대방광보살장문수사리근본의궤경』(경전 원문: 175쪽 참조)

* 참조: 고려대장경 제33권 1075쪽 / 한글대장경 261권 / 대정신수대장경 제20권 no.1191

「수주의칙품」 제12

이때 세존 석가모니께서는 모든 정광천(淨光天)의 대중을 잘 살피시고, 묘길상동자에게 알려주시려고 말씀하셨다.

"묘길상아, 너는 지금 잘 들어두어라.

진언의 행과 수행의 행을 하는 사람이 모든 유정을 위해서 진언 및 모든 경법(經法)의 평등한 성취법과 수주의칙(數珠儀則)의 모든 진언을 지송하는 것을 밝히리라.

너는 마땅히 잘 듣고 깊이 생각하여 잘 받아들여라."

이때 묘길상동자는 이 말을 듣고서 바로 세존께 아뢰었다.

"훌륭하십니다, 세존이시여.

원컨대, 저 모든 진언행을 설하시어, 모든 수행하는 사람과 모든 유정들이 이와 같음을 듣고 나면 모두 다 삼매를 획득할 수 있게 하소서."

이때 세존께서는 묘길상동자에게 말씀하셨다.
"묘길상아, 잘 듣고 잘 들어라.
내가 지금 너를 위하여 분별하여 자세하게 설하리라.
있는 모든 좋은 진언행을 모든 유정들이 만약 청정하게 받아 지녀 일심으로 온전히 정미롭게 할 수 있으면 일체의 뜻에서 모두 성취할 것이다.
내가 지금 처음으로 진언을 설하리라.

나막 사만다 몯다남 아진다야 나보 다로볘난 다냐타
옴 구로 구로 살바라타 사다야 사다야 살바 노따 미모하니
아아나마라새볘 미슈다야 사바하
〈실담자〉
Namaḥ samanta-buddhānām acintyā-dbhuta-rūpiṇām, tadyathā Oṁ kuru kuru sarvārthāṁ sādhaya sādhaya sarva-duṣṭa-vimohani, gaganāvalambe, viśodhaya svāhā

이 진언은, 만약 어떤 수행하는 사람이 수주(數珠)를 만들어서 일체 모든 일[事]에서 구하는 것이 청정하고자 한다면, 잘 모아서[鑽], 갈아내고[磨], 구멍을 뚫고[穿], 꿰어서[貫] 여러 가지로 수지(受持)하면, 무릇 지은 일[所作事]들이 모두 다 성취된다.

처음, 구슬의 나무[珠樹]를 보고서 가져와서 쓰려고 하면, 먼저 그 나무를 가지(加持)하고 자신을 옹호(擁護)해야 한다. 반드시 온전히 한곳에 집중하여 마음[心]에 정성을 다하여, 이 진언을 21번 염(念)한다. 그리고 나무 아래에서 하룻밤을 잠자며 머무른다. 그래서 앞에 나타나는 모습으로 선(善)과 악(惡)에 응하는지를 구한다.

저[응하여 나타나는] 사람이 만약 꿈속에서 사람 아님을 보면 추악한 모습을 드러내니, 저 염송인[持課人]은 여실함을 알아야 한다. 다시 날짜를 바꾼다. 새벽에 저 나무 아래에 가서 올려다보며 관찰한다. 혹 저것에서 채취한 것으로 알[珠]을 하고자 하는 것을 볼 수 없으면, 이것은 이에 큰 불길한 모습이다. 저것은 지키는 사람[課人]을 보존하려는 것이니 마땅히 저 나무를 멀리 떠나서 다른 곳으로 가 이르러, 길상의 나무를 구한다.

구슬로 쓸 수 있는 나무는 여러 종류이다. 제일은 금강나무의 열매 씨[金剛子]이며, 제이는 인날라나무의 열매 씨[印捺囉子, 인드라]이며, 제삼은 보리나무의 열매 씨[菩提子]이며, 제사는 목환나무의 열매 씨[槵子]이며, 다른 나무들의 열매 씨도 구족할 수 있다.

만약 이와 같은 모든 씨를 채취할 수 있는 나무를 얻었으면, 마땅히 먼저 동행한 사람을 나무에 오르게 한다. 만약 동행한 사람이 없으면 마땅히 스스로 나무에 올라가서 가장 좋은 가지를 택한다. 열매 씨가 구족하면 앞의 진언을 염송하여 이를 가지한다.

저것은 나무에 올라가는 사람은 나무에 올라갈 때마다 마음이 미혹되지 말아야 하며, 이에 몸을 나뭇가지 끝에 닿게 하고, 곧게 뻗어서 씨를 따서 얻는다. 이것이 최상의 알이다. 내가 이 알을 설하면 최상의 쓰임이 되어 최상의 법을 성취하여 얻을 수 있다.

만약 중간 가지에 이르러 중간의 알[中等珠]을 얻으면, 중간의 법을 성취할 수 있다.

만약 아래 가지에 이르러 아래의 알[下珠]을 얻으면, 마땅히 최하위의 과보를 성취한다.

그 씨가 만약 알이 차지 않았거나 부서져 있거나 그리고 벌레 먹은 것이 있으면 모두 좋은 것으로 사용할 수 없다.

만약 서쪽 가지의 씨를 얻어서 알을 만든 것은 법의 성취를 얻을 수 있으며, 마땅히 재물과 부귀를 얻는다.

만약 북쪽 가지의 씨를 얻어서 알을 만든 것은 마땅히 성인과 현인이 아껴주며, 야차와 모든 야차의 화생[部多, 大身鬼]이 항복하며, 천인 내지 건달바·긴나라·나찰 등에 이르기까지 모두 다 항복한다. 만약 의궤에 의지하여 모든 사업(事業, 부처님의 일)을 지으면, 모든 바른 일[正事]은 증익을 얻으며, 다시 일체 성취하여 구하는 모든 것을 얻게 된다.

만약 동쪽 가지를 얻고자 다시 그 가지를 보아, 과(果)가 있으면 현재를 보게 된다. 만약 그 씨를 얻어서 알을 만들면, 무릇 수행하려는 염송인[持課사]은 지명(持明, dhāraṇī, 다라니)의 성취를 얻고 여러 가지 사(事)를 지어서 모두 원만을 얻는다. 온전한 마음으로 수지하면 또한 장수를 획득한다.

만약 남쪽 가지를 얻고자 하는데, 가지가 길어서 잎이 없으면 그것이 비록 씨가 있더라도 알로 가능하지 않다. 만약 알로 삼으면 중생의 생명을 해친다. 그러므로 저 염송인[持課사]은 마땅히 일심으로 멀리 떠나야 한다. 저 남쪽 가지가 만약 길지 않으며 잎이 있어서, 그것으로 혹 씨로 알을 뛰어나게 만든 것이라도 그 염송인[持課사]은 또한 반드시 버리고 떨어져야 한다. 왜냐하면, 마치 원수의 집을 베는 것과 같기 때문이다. 만약 버려서 취하지 않으면 이에 복을 얻음이 무량하다.

만약 아래 가지에서 얻고자 하는데, 가지가 길어서 아래로 뻗어 이에 땅속으로 들어가서 그 가지에 씨가 있는 것으로 알을 만든 것이라면, 저 염송인[持課사]은 마땅히 의궤에 의지하여 온전하게 하여 수지해야 한다. 염송(念誦)하는 자는 무릇 이 산중의 땅속, 산간, 빈 동굴, 아수라가 사는 곳으로 염송인[持課사]과 함께 들어갈 수 있으며, 아수라의 남녀와 함께 아수라 궁에 함께 살며, 1겁이 지나면 최상의 쾌락을 받는다.

처음에 나무에 올라서 알의 씨를 얻고서 나무 아래로 내려올 때에 저 염송인[持課사]은 앞의 진언을 송하고, 옹호를 짓는다.

마땅히 청정한 곳을 구하여 차례대로 지음[作]을 이룬다. 혹은 스스로 하거나 혹은 다른 사람이 하거나 마음에 따라서 바라는 것으로 저 멀고 가까운 안락한 머물 곳이나 혹은 항상 머물 곳을 허락한다[隨].

장차 힘써서 만들려고 하면, 마땅히 먼저 하나하나 청정하게 하고, 몸과 마음을 온전히 집중한다. 그리고 알의 씨를 집어서 잘 모아서 가지런히 하고[鑽持], 갈아내어 옥같이 한다[磨瑩]. 하나하나 뒤를 쫓으며 각 진언을 혹 3편, 혹 5편, 혹 7편, 혹 21편을 염(念)한다. 진언을 염송함이 끝나면, 지자(智者)는 '지금 모(某)를 위한 일'이란 말을 낱낱이 글로 지어서 설명한다. 진언과 발원을 마치면, 이에 알의 체[珠體]가 청정함을 얻는다.

다시 동녀(童女)에게 실을 합하는 데 5색사를 쓰며, 색을 합하면 화만(花鬘, kusamamala)과 같다. 혹 3가지를 합하거나 혹 5가지를 합하며, 알에 따라서 받아들이고 마땅히 반드시 단단히 합한다. 지자(智者)는 씨를 골라서 반드시 고르고 좋은 것으로 하며, 찌그러지거나 손상이 있는 것과 결손이 있거나 상한 것은 취하지 않는다. 아울러 반드시 원만하며 이에 세밀한 것이 상(上)이다. 보리나무의 열매 씨, 금강나무의 열매 씨, 인드라나무의 열매 씨, 목환자의 열매 씨 및 다른 씨를 낱낱이 가려 선택하여 쓰면 수승하고 묘한 상등이 된다. 저 염송인[持課]시은 요점과 같이 반드시 일심으로 온전히 집중하여 갖추어 이루어지게 한다. 이 밖에 혹은 금·은·진주·수정·차거·마노·산호, 여러 가지 모든 보물을 쓰며, 최상의 마니보 등을 쓴다. 반드시 원만하며 통통

하고 윤택해야 하며, 결함과 감함이 없도록 해야 한다.

무릇 구멍을 뚫을 때에는 마음을 한곳에 집중하여 산란하지 않게 한다. 주가 완성된 후에는 있는 원(願)은 빠르게 영(靈)에 응함을 얻는다. 만약 앞에서 온 모든 색의 나무 씨와 진귀한 보물 등의 물건이 없으면, 단지 길상초를 써서 지음[作]을 맺을 수 있으며 또한 얻을 수 있다.

알의 수는 정해져 있지 않고, 또한 3품(品)이 있다. 상품은 108개이고, 중품은 54개이며, 하품은 27개이다. 따로 최상품이 있는데 마땅히 1,080을 쓴 것이 수(數)가 된다. 다시 금·은·동·철·놋쇠·납·주석 등을 써서 부어 만들 수 있고, 혹은 1종, 2종, 3종을 합하여 부어 완성할 수 있다. 오직 견고하고 원만한 것을 구하여야 하며, 결함이 없어야 한다. 그리고 빛이 있고 밝으며 빛나고 깨끗하여 마치 보배와 영락과 같아야 한다.

무릇 염송인[持課人]은 마땅히 계를 지녀 청정하게 해야 한다. 그리고 다시 길게 흐르는 강물에 나아가거나 다른 깨끗한 물로 청정하게 하여 조욕(澡浴)을 마친다.
그러한 후에 수주를 가지고서, 먼저, 깨끗한 흙으로 문지르고 문지른다. 그런 후에 물을 써서 씻는다. 그런 후에, 다시 오향의 물을 사용하여 씻는다. 다시, 상품의 묘한 도향, 상품의 백색 전단향, 울금향[恭俱摩, Kuṅkuma] 등의 향수로 문질러 말린다.

저 염송인[持課시은 이 수주(數珠)를 가지고 불상이 있는 곳에 나아가야 한다. 그 불상, 혹은 소상, 혹은 불화는 마땅히 최상으로 장식한 제1등급의 상으로 하여 석가모니불인 인천의 스승을 구한다. 부처님의 말씀에 의지하여 지계(地界)를 결택하고, 불상에 안치한다.

저 불상 앞에서 몸을 단정하게 하고 바르게 앉아서, 일심으로 온전히 집중하여 진언을 1,080편 혹은 108편을 송한다. 양손으로 받들어서 본사(本師)이신 석가모니부처님께 받들어 올려서, 부처님께 봉헌을 마친다.

마침내 부처님 앞에 이 수주(數珠)를 안치하고, 이 주를 놓을 때는 원단(圓壇)의 모양과 같이 하거나 혹은 사반상(蛇盤相), 전상(纏相)과 같이 한다. 저 염송인[持課行]시은 밤이 되면, 부처님 전의 땅 위에서 풀을 깔고 하룻밤을 자며, 앞의 모습을 구한다. 만약 꿈속에 부처님 및 벽지불, 성문 등의 모습을 볼 수 있으면, 저 사람은 구하는 것을 결정코 성취한다.

만약 어린아이를 보거나 아주 어린아이의 갖가지 모습을 보면, 다시 수주(數珠)를 베풀어서 올린다. 저 염송인[持課行]시은 다라니로 모두 성취할 수 있다. 혹 달리 좋은 모습을 본다면 구하는 것을 모두 쉽게 얻을 수 있다."

|풀이|
- 공구마(恭俱摩): Kuṅkuma. 홍화의 일종으로 붉은색을 띤다. 울금향으로 번역하기도 한다.
- 사반상(蛇盤相): 뱀이 똬리를 튼 모양이다.

- 인날라자(印捺羅子): indra. 인드라신을 상징하며 힘이 센 것을 의미한다.
- 전상(纏相): 새끼줄을 튼 모양이다.
- 지과인(持課人): 진언을 염송하는 사람을 가리킨다. 과(課)는 특히 진언 염송을 수행으로 하는 수행자를 말한다.
- 지명(持明): 다라니를 가리킨다.
- 화만(花鬘): kusamamala. 서역사람들이 많은 꽃을 실로 꿰거나 묶어서 목이나 몸에 장식하는 도구이다. 다양한 꽃을 사용하는데, 건립하는 단의 목적에 따라 대체로 향기가 있는 꽃을 사용한다.

화만(花鬘)
출처 : 東京國立博物館: 木材 彩色 迦陵頻迦 文華鬘
画像番号: C0023580/撮影部位: E-14729

　　부처님이 정광천의 대중을 살피고 문수동자에게 수주의 의칙(儀則)을 법문으로 설하는 이야기이다. 묘길상동자는 문수동자의 다른 이름이다. 의칙에서 가장 중요한 내용은 수주의 재료인 나무를 선택하는 방법을 보여주는 장면이다. 이렇게 선택한 나무에서 가장 좋은 열매를 취해야 한다. 그리고 껍질을 벗기고 구멍을 뚫고 실을 꿰어서 만드는 것이다. 모든 과정은 삼매를 통해서 이루어진다.

수주의칙은 크게 두 단계로 나누어볼 수 있다. 진언의 뜻을 알아야 하고, 선택한 나무에서 딴 열매를 다듬어서 꿸 실을 미리 마련하는 준비 단계이다. 그리고 염주를 만드는 모든 과정이 의궤 절차를 통해서 이루어지는 본 의식이다. 본 의식은 나무를 선택하는 시작부터 염주를 실로 꿰어 완성하는 모든 과정을 포함한다.

| 준비 단계 |

수주의칙을 성취하기 위해서 진언의 내용을 잘 알아야 하고, 구슬을 꿸 실을 미리 준비한다. 진언의 내용을 안다는 것은 열매를 구하려는 자가 몸을 정화하고 호신하는 것이다. 염주를 만드는 과정의 모든 의궤 절차에는 항상 염송해야 하는 공통된 진언이 있다. 경전에 적어놓은 진언은 실담자로 된 진언을 그대로 음사하였다. 이 진언을 번역하면 뜻은 다음과 같다.

귀의합니다. 그 모습은 헤아릴 수 없고 경이로운 모든 부처님께.
이와 같이,
옴이여, 옴이여. 모든 목적을 성취하고 성취하고, 모든 악으로부터 해방을 성취하고, 하늘의 품에서 정화하며, 성취하라.

염주알을 꿸 실은 다음과 같은 조건을 갖춘 것으로 준비한다.

구슬을 꿸 수 있는 실은 오색의 다섯 가닥으로 마련하고, 어린 여자아이[童女]에게 실을 합사하도록 한 것을 사용해야 한다. 오색이란 청황홍록백의 오색사로 해야 한다는 것이다. 금강정유가에서 중방 비로자나불의 색은 백색이고, 사방에는 각각 정해진 색이 있다. 그러므로 실의 색은 5부의 5불에 맞도록 해야 한다는 뜻이며, 이것이 불교의 색채관(色彩觀)이다. 준비의식에서 진언의 뜻으로 부처님께 귀의하고, 정화하기 위한 빛과 수주의 색이 일치해야 단을 건립하는 목적에 부합하여 공능이 있게 된다.

불교의 전통색채는 두 계통이 존재한다. 하나는 청황적백흑으로 알려진 중국의 영향을 받은 전통색 계통이며, 다른 하나는 청황홍록백이라고 하는 불교의 전통색 계통이다. 한국의 불교 전통색은 불상을 조성하는 『조상경』의 불복장의궤에서도 확인된다. 청황홍록백의 오방을 설정하도록 하고 있기 때문이다. 불복장의궤에서 두 계통의 색채를 조화롭게 변용하는 것은 한국불교의 고유성을 보여주는 증거이다.

불복장의궤는 한국불교에서만 나타나며 동아시아의 특

수성이다. 불교 전통색에서 중방의 색은 백색이지만, 불교에서 불보살의 보살행을 활동의 상징으로 보여주는 색은 홍색(紅色)이다. 불교에서 색채를 언급할 때 조심해야 할 것이 있다. 빨강으로 불리는 적색(赤色)과 오랜지색계의 붉은 홍색(紅色)이란 표현은 완전히 다른 색을 의미하며 상징하는 것도 다름을 알아야 한다. 경전에서 불보살의 가사색은 홍색으로 표현하고 있으며, 고려불화에서도 동일하게 적용하고 있다. 『삼국사기』에서 신라 당시의 홍색 사용을 어떻게 규제하였나를 보면 알 수 있다. 『삼국사기』 색복조(色服條)에 의하면 신라는 군인과 백성에게 홍색을 사용하지 못하도록 금하였다. 그리고 홍전(紅典)이란 기관을 두었으며, 이곳에서는 왕의 옷만을 홍색으로 물들이도록 하였다. 홍색을 발색시키는 기본 재료인 홍화는 가공과정이 매우 복잡하고, 매염재인 소목은 당시 국내에서 생산되지 않았다. 밝은 태양에서 빛나는 색과 같은 홍색을 얻는다는 것은 예로부터 재료 수급이 어렵고 착색과정이 복잡했기 때문에 경제적인 뒷받침이 있어야 가능했다. 그래서 홍색과 관련된 모든 것은 국가의 통제를 받았다. 고대사회에서 홍색은 태양을 상징하기 때문에 왕을 의미하였다. 이러한 이미지는 고려와 조선에서도 그대로 이어져서 왕의 복식을 정하는 색으로 쓰였다.

서양의 색채학에서도 홍색은 매우 중요하게 취급되었다. 특히 칼 에발트 콘스탄틴 헤링(Karl Ewald Konstantin Hering, 1834-1918)은 빨강과 초록, 노랑과 파랑이 대립하는 4가지 색의 감각에서 모든 색채감각을 일으킨다는 색채설을 주장했다. 여기에서 빨강은 빛의 홍색을 말한다. 신경과학과 지각심리학을 기반으로 이렇게 주장했던 헤링의 색채설은 자연관에 속한다. 불교의 전통색채관과 매우 흡사하다고 하겠다.

| 본 의식 |

본 의식은 수주를 만드는 모든 과정을 말한다.

먼저 나무를 선택한다. 그리고 열매를 따서 잘 모아서[鑽, 찬] 여러 과정의 공정을 거친 후에야 수지(受持)가 가능하다. 열매를 모으는 찬(鑽), 갈아내는 마(磨), 구멍을 뚫는 천(穿), 구멍에 실 꿰기[貫, 관] 등의 과정을 거쳐야 한다. 뗀 염주를 깨끗한 물로 씻고, 전단향이나 울금향으로 문질러서 말린다. 완성된 염주는 부처님 앞에 공양을 올린다. 이때 좋은 상이 나타나면 원의 성취를 이루게 된다. 부처님 앞에 올려놓을 때, 뱀이 똬리를 튼 사반상인 원단(圓壇)으로 하여야 한다.

수주 구슬의 개수는 상황에 따라 다르나, 상품은 108개이고, 중품은 54개이며, 하품은 27개로 구성한다. 재료는 보리수·금강수·인드라수·목환수 등을 사용할 수 있지만, 금·은·진주·산호 등도 가능하다. 재료가 금속인 경우 2-3종의 재료를 혼합하여 사용해도 된다. 재료가 무엇이든지 간에 흠이나 결함은 없어야 한다.

본 의식의 모든 절차는 7단계로 진행된다.

① 택재(擇財): 나무를 선택하는 법

수주로 만들려는 나무를 정하면, 나무와 자신을 진언 21번으로 가지하고 옹호한다. 택한 나무 밑에서 잠자며, 선과 악이 눈앞에 나타나기를 구한다. 선한 좋은 상이 나타나면 같이 간 사람을 나무에 오르게 한다. 악한 나쁜 상이 나타나면 이것은 지과인을 보호하려는 것이므로 다른 나무를 구해야 한다.

② 찬(鑽): 열매 모으기

나무를 얻어 올라갔으면, 좋은 가지에 몸을 가까이하여 열매를 얻는다. 이것이 상품이다. 중간 가지이면 중품을 얻고, 아래 가지이면 하품을 얻게 된다. 품(品)에 따라 과보의 성취도 다르다.

좋은 가지는 방위에 따라 성취하는 내용도 다르다. 동쪽의 가지는 현재를 보게 하고 지과인은 다라니를 성취하며 장수를 얻는다. 남쪽에서 가지가 길고 잎이 없는 곳의 열매를 얻으면 중생의 생명을 해치게 된다. 가장 좋지 않은 열매를 취하면 원수의 집을 베는 것과 같기 때문이며, 가장 좋은 열매를 취하면 무량한 복을 얻는다. 서쪽의 가지는 재물과 부귀를 얻게 한다. 북쪽의 가지는 성인과 현인이 아껴주고 야차·건달바 등이 항복하고 증익을 얻는다. 하방에서는 땅속으로 들어간 가지의 열매를 취하면 의궤에 따른 것으로서 수지한다. 염송하는 자는 산간에 있는 동굴, 아수라가 사는 곳으로 함께 들어갈 수 있다. 그리고 1겁이 지나면 최상의 쾌락을 얻는다.

나무에서 열매를 따고 내려와서는 준비의식에서 했던 진언을 다시 송하고 옹호를 한다. 진언의 염송은 시작과 끝에 반드시 해야 할 의례이다.

③ 마(磨): 갈아내기

청정한 장소를 구하여 하나하나를 깨끗하게 하고, 온전히 마음을 집중하여 만든다. 열매를 잘 모아서 가지런히 하고, 갈아내어 옥같이 한다. 이때 진언을 5편, 7편, 21편을 한다.

그리고 발원한다. 발원은 '지금 모(某)을 위한 일입니다'라고 글을 지어서 말한다. 소문(疏文)이나 발원문의 형식을 갖추면 된다.

④ 천(穿): 구멍 뚫기

열매, 즉 염주알에 구멍 뚫기이다.

갈아내면서 진언과 발원을 한 열매에 구멍을 뚫으면, 수주 한 알의 주체(珠體)가 청정하게 완성된다. 염주를 완성하는데 필요한 개수만큼 반복한다.

⑤ 관(貫): 실 꿰기

청황홍록백의 오색으로 어린 여자아이가 합사한 오색사를 사용한다. 붉은빛이 나는 홍색도 가능하다.

구멍에 실을 꿸 때는 마음을 한곳에 집중하여 산란하지 않게 한다. 색을 갖춘 실이 없다면, 길상초를 쓸 수 있다. 주(珠)가 완성되면, 원(願)은 빠르게 응할 것이다.

⑥ 세(洗): 씻기

염주를 씻는 사람은 팔재계(八齋戒)를 반드시 받아야 하며, 또 깨끗한 물로 몸을 씻어 헹군다. 이를 조욕(澡浴)이라고 한다. 그리고 수주를 깨끗한 흙으로 문지르고, 물로 씻고, 오향의 향탕으로 씻어서 말린다. 상품인 전단향·울금향 등으로 문질러서 깨끗하게 한다.

⑦ 공양(供養): 원단(圓壇)으로 공양

수주가 완성되면, 지과인은 불상이 있는 곳에 나아간다. 지계(地界)를 결택하여 불상 앞에 안치한다. 이때 염주는 원단(圓壇)이나 전상(纏相)인 똬리 모양으로 놓는다. 원단은 뱀이 틀고 있는 모습이며, 전상은 새끼줄을 틀어놓은 것과 같은 형상을 말한다.

송주하는 지과인은 만들어진 수주에 흠결이 있는지 없는지 하룻밤을 지내며 좋은 모습이 현전하기를 바란다. 이때 어린아이의 모습이 나타나면 길상이다.

이와 같은 7과정을 거치면, 마침내 수주나 염주가 완성된다. 모두 정해진 절차를 따라서 바르게 이루어져야 한다.

10 | 존나보살의 상징인
〈고려수월관음도〉의 염주

염주에는 아미타신앙과 관음신앙이 결부되어 있다. 또한 염주는 신밀(身密)인 수인(手印), 구밀(口密)인 진언, 의밀(意密)인 관상법까지도 포함하는 수행 도구이다. 이러한 염주는 여러 과정을 거치며 의궤에 따라 만들어진다.

아미타삼존에 관음보살을 포함하는 형식은 인도불교부터 존재했었다. 초기 관음보살상은 단독으로 유행하기도 하지만, 밀교의 등장에 따라 천수(千手), 천안(天眼), 다면(多面), 다비(多臂) 등 다양한 관음상으로 나타난다. 육비(六臂)관음보살은 6개의 손에 각각 해당하는 지물(持物)을 수지(受持)하고 있는데, 그 가운데 하나가 염주이다. 한국불교에서도 〈고려수월관음도〉와 『오대진언』의 관세음보살수주수진언(觀世音菩薩

數珠手眞言)의 염주는 유명하다.

『오대진언』 42수진언 중에 하나인 관세음보살수주수진언은 관세음보살이 손에 수주를 들고 있으며, 실담자, 한글 정음, 음사된 한자 3종류로 병렬 표기하고 있다. 『오대진언』의 이와 같은 형식은 인수대비(仁粹大妃, 1437-1504)가 고안했다고 한다. 진언은 지니고 염송만 해도 복이 있는데 백성들은 범어를 어려워하니, 그들이 쉽게 읽고 익히기 편리하도록 고안한 것이다. 수주수진언의 뜻은 만약 시방의 모든 부처님이 속히 와서 손을 내려주기를 원하면, 염주를 잡고서 진언

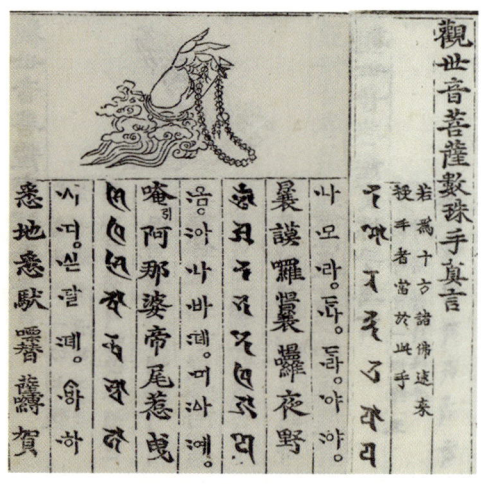

1634년 불명산 쌍계사판 『오대진언』
출처: 동국대학교 불교기록문화유산 아카이브

을 송하며 관상해야 한다는 것이다. 이렇게 천수나 천비 관세음보살이 눈[目]을 갖추어 현전하는 것은 5부의 구소법(鉤召法)으로, 갈마부(羯磨部)에 사용하는 진언으로 생각할 수 있다.

〈고려수월관음도〉에 나타나는 염주는 많은 이야기와 함께한다. 일본인 이데세이노스케(井手誠之輔)는 『삼국유사』 「낙산이대성관음정취조신」의 설화가 〈고려수월관음도〉의 도상이라는 주장을 내놓았다. 일본 대덕사(大德寺) 수월관음도의 도상적 근거는 40권본 『화엄경』(795) 보현행원의 내용을 의상 스님이 주인공이 되는 「낙산이대성관음정취조신」의 이야기로 연결시킨 결과이다. 의상(625-702) 스님은 60권본 『화엄경』(418)을 읽고 법성게(法性偈)를 지었으나 사실 40권본 『화엄경』은 당시까지 번역되지 않았기 때문에 볼 수 없었다. 40권본 『화엄경』은 60·80권본 『화엄경』 「입법계품」 53선지식의 내용만을 따로 떼어서 「입부사의해탈경계보현행원품」 1품만의 구성으로 대경(大經)을 만든 것이다. 의상 스님은 40권본의 대경을 보지 못하였기 때문에 화엄의 요지를 몰랐다고 하려는 것이 아니다. 그럼에도 의상 스님은 한국불교에서 해동화엄의 초조인 사실에는 변함이 없다.

다만 보현행원에 대해서는 균여(均如, 923-973)가 지은

향가 25수의 보현십종원왕가(普賢十種願往歌)가 더 잘 알려져 있다. 또 「낙산이대성관음정취조신」은 의상 스님의 설화에 기원을 두면서 몽고의 침입이 있었던 1258년까지의 이야기를 연결하면서 언급한다. 이 점은 『삼국유사』를 지은 일연(一然, 1206-1289)의 활동시기와도 겹친다. 그리고 호림박물관에 소장되어 있는 1334년 사경한 감지금니 「대방광불화엄경입부사의해탈경계보현행원품」도 현존하고 있다. 균여와 일연, 사경 등의 이야기로 40권본을 대표하는 내용은 60·80권본 『화엄경』에는 없다. 일본학자의 주장과 같이 보현행원의 내용으로 신라와 고려를 바로 연결하는 것은 바람직하지 않은 것 같다.

『고려시대의 불화』(1996)에는 1300년대 이후 약 33점의 수월관음도가 수록되어 있다. 이 중 15작품의 관음보살은 실제로 염주를 들고 있다. 『삼국유사』 감통편 월명사도솔가(月明師兜率歌)에도 신이(神異)를 본 왕이 108개로 된 수정염주를 하사하는 기사가 등장한다. 신라에 염주신앙이 유행하였던 것은 사실일 것이다.

경전에서는 주로 염주 재료와 염주알의 개수를 강조하였다. 『금강정유가염주경』에서 금강정 유가수행은 5불의 변현으로 나타나며, 진언을 염송할 때 사용하는 수주의 실은 오색사로 합사한 것을 사용한다고 했다. 실은 붉은색이어도 좋다. 특히 〈고려수월관음도〉에서 관음보살이 들고 있는 염주의 실은 투명한 수정알 속에 홍색으로 그려져 비치고 있다.

〈고려수월관음도〉
출처: 『고려시대의 불화』(1996) p.193
소장처: 프랑스 기메박물관(부분사진)

「낙산이대성관음정취조신」의 이야기가 펼쳐지는 곳은 바닷가이다. 『화엄경』에서 문수동자가 남쪽을 순례하며 만나는 관음보살도 바닷가에 사는 선지식이다. 그런데 법현(法賢. ?-1001)이 번역한 『불설지명장유가대교존나보살대명성취의궤경』(989)의 설법 장소도 해안가 모래 위로 동일하다.

존나보살은 준제보살이며 불모(佛母)를 의미한다. 수행자는 소원을 성취하기 위해서 존나보살의 근본 진언, 즉 다라니를 암송하는 것이다.

존나보살의 다라니를 염송하며 바닷가에서 모래탑을 쌓는 장면과 『대방광보살장문수사리근본의궤경』「수주의칙품」에서 하방의 가지에서 얻은 열매로 수주를 만들었을 때 땅속·동굴·아수라궁에 들어가 최상의 쾌락을 얻는 장면을 하나로 연결해보자. 그러면 자연스럽게 의상 스님이 낙산(落山)에서 동굴 속에 끌려 들어가서 관음보살을 친견하고 수정 염주를 얻는 장면이 만들어진다.

『불설지명장유가대교존나보살대명성취의궤경』은 금강지와 불공이 번역한 『불설칠구지불모준제대명다라니경』의 화상법(畵像法)과 같은 내용이다. 그러나 제목에 '다라니'보다는 '의궤'를 포함한 경전 쪽이 훨씬 구체적이며 체계적이고 풍부한 내용으로 완성되어 있다. 수행자가 존나보살대명법(尊那菩薩大明法)을 염송하여 관자재보살·금강수보살을 친견한다. 이때 진언을 지송하기 위한 도구가 염주이다. 이 경전은 밀교행법 중 경애법에 속한다. 불모와 같은 개념으로 의상 스님을 해동화엄의 초조로 해석할 수 있다.

『불설지명장유가대교존나보살대명성취의궤경』(경전 원문: 178쪽 참조)

* 참조: 고려대장경 제34권 383쪽 / 한글대장경 262권 / 대정신수대장경 제20권 no.1169

「대명성취분」제1

이때 세존께서 이 대비로자나여래(大毘盧遮那如來)의 유가대교(瑜伽大教)를 말씀하셨다.

만일 어떤 선남자가 모든 성취법을 즐겨 닦고 익히고자 한다면, 마땅히 이 가르침의 존나보살대명법(尊那菩薩大明法) 가운데서 일심으로 마음을 기울여 정성스럽게 수습(修習)하라. 소원하는 것을 구하면 성취하지 못함이 없다.

만일 어떤 행하는 사람이 가장 높고 수승한 성취를 이루려고 하면, 먼저 큰 바닷가 언덕에서 존나보살의 근본대명을 지송하라. 모래탑을 만들어 6낙차(洛叉)를 다 채워 외우면, 구하는 것이 온전하게 반드시 성취를 얻는다.

다음에 만일 관자재보살이나 다라(多羅)보살이나 금강수(金剛手)보살 등을 뵙기를 원하면, 이전대로 수습하라. 이 모든 보살들은 반드시 몸을 나타내게[現身] 된다. 진언하는 행인을 위로하여 편안히 해주고, 소원을 만족시키며, 나아가 혹 경애(敬愛) 등의 법을 짓거나 온갖 성약(聖藥)을 구하거나, 또는 아소라왕위(阿蘇囉王位)를 구하거나, 지명천위(持明天位)를 구하거나 하는, 이와 같은 일은 반드시 성취를 얻는다.

만일 오래도록 수습하여 온전히 불퇴(不退)나 보살의 지위까지도 또한

얻을 수 있다. …… (생략)

「관지성취품」 제2
다음은 염주를 만드는 법을 설명하겠다. 보리자(菩提子)나 차거(硨磲)나 파리(玻瓈) 등을 사용한다. 마땅히 108개의 수로 하며, 동녀로 하여금 실을 꼬게 한다. 21가닥을 한 선으로 합사하여 구슬을 꿴다. 그리고 지송할 때에는 엄지손가락으로 돌리며, 매번 한 알을 돌릴 때마다 대명을 한 번씩 외운다. 그 대명자(大明字)에도 세 종류가 있는데, 혹 심월륜(心月輪)에는 대명자를 쓰고, 혹 정례(頂禮)에는 미묘(微妙)자를 사용한다. 행하는 사람이 지송할 때는 지심으로 온전하게 하여 잠시도 해이해지거나 소홀히 하면 안 된다. …… (생략)

이와 같이 관상을 마치면 곧 지송한다. 지송하는 법에는 또한 두 종류가 있다. 첫째는 무상(無相)이고, 둘째는 유상(有相)이다.
무상으로 지송하는 자는 먼저 선정인(禪定印)을 맺고 가부좌로 앉는다. 몸을 단정히 하고 마음을 깨끗이 하고, 정수리와 목을 약간 숙여서 코끝 위에 두고서, 관상으로 들이쉬고 내쉬는 숨을 쉬며, 거칠지도 않고 미세하지도 않게 하며, 느리지도 않고 급하지도 않게 하여 마음[心]이 대명을 연하여[心緣大明] 온 마음을 기울여 지송하되 끊어지지 않게 하는 것이다. 또한 마음이 피로하거나 권태로움이 있으면 안 된다. 이와 같이 지송하는 것을 최상이라고 이름한다.
유상으로 지송하는 자는 곧 염주를 가지고 수를 정하여, 매일 한 번씩 지송하여 반드시 무수에 이르러서 실지(悉地)를 얻을 때까지 무수하게 하여 한 번이라도 빠뜨리면 안 된다. 만일 한 번이라도 빠뜨리면 간단(間斷, 끊어짐)이라고 이름하며, 구하는 일을 성취하지 못한다. 그리고 지송하고자 할 때마다 먼저 수주인(數珠印)을 맺어야 한다.
…… (생략)

| 풀이 |
- 심월륜(心月輪): 보리심이 원만하고 청정한 것을 둥근 달인 월륜(月輪)에 비유한 것이다.
- 존나보살(尊那菩薩): cundī. 불모(佛母)를 말하며, 준제(準提)로 쓴다. 존나불모, 준제불모, 불모준제, 칠구지불모(七俱胝佛母) 등은 모두 같은 뜻이다.

이 경전을 번역한 법현은 용수보살(龍樹菩薩)의 지명장(持明藏)에서 약출하였다고 적고 있다. 경전은 고려 재조대장경(1251년 완성)에 입장되어 있으므로 일찍부터 고려에 유통되었던 사실을 확인할 수 있다. 존나보살(尊那菩薩)은 불모(佛母)인 cundī 즉 준제(準提)를 가리킨다. 수행자가 존나보살이 가르쳐준 대명법의 진언수행을 바닷가에서 지송하면, 관세음보살이 몸을 나타내는 성취법이다. 지송자는 바닷가에서 존나보살의 근본대명을 지송하고, 모래탑을 6낙차를 채워 만든다. 그러면 원하는 바가 성취된다. 근본대명은 '옴 자 례 주 례 준 제 사바 하(oṃ ca-le cu-le cun-de svā-hā)'이며, 준제구자성범주라고도 부른다. 반드시 108알의 염주를 바르게 만들어 사용해야 한다. 염주알을 꿰는 실은 어린 여자아이가 21가닥을 합사하여 꼬아 만든 것을 사용한다. 염주를 돌리며 이 대명자(大明字) 한 글자 한 글자를 정해진 자기 몸의 위치에 포자(布字)하며 심월륜이나 근본대명의 미묘자륜을 관상(觀想)한다.

『대방광보살장문수사리근본의궤경』에서 나무 아래쪽에 있는 가지에서 취한 열매로 만든 수주의 성취를 생각해보자. 땅속으로 들어간 가지에서 얻은 열매는 지과인을 산중의 땅속이나 동굴에 함께 들어가게 해서 최상의 쾌락을 모두 얻게 한다. 존나보살의 대명법인 '옴 자 례 주 례 준 제 사바 하'의 염송으로 인하여 수행자는 동굴, 산속, 아수라궁에 들어가게 되며, 비로자나여래의 유가를 성취한다. 관세음보살을 친견하고 경애법을 성취한다는 뜻으로 전환할 수 있다.

『삼국유사』「낙산이대성관음정취조신」이야기는 낙산에서 기도하는 의상 스님이 관음보살을 친견하고 점차 정취보살의 현현을 나타내는 전개로 구성되어 있다. 문수동자가 만나는 53선지식 중에서 관음보살은 28번째, 정취보살은 29번째 주인공이다. 관음보살은 방편으로 중생의 공포를 여의게 하며, 정취보살은 허공의 사바세계 윤위산 꼭대기[輪圍山

頂의 동쪽에서 오는 보살이다. 이때 정취보살은 온몸에 광명을 비추며 나타난다.

「낙산이대성관음정취조신」의 시작은 다음과 같이 의상스님이 주인공으로 되어 있다.

탑상편 「낙산이대성관음정취조신」 ^(미주3, 164쪽)

옛날 의상(義湘) 법사가 처음 당나라에서 돌아와서 대비(大悲)의 진신(眞身)이 이 해변의 굴 안에 머무른다고 들었다. 이로 인하여 낙산(洛山)이라고 이름하였다. 대개 서역(西域)에서는 보타낙가산(寶陁洛伽山)이라고 하고 이곳[중국]에서는 소백화(小白華)라고 하며, 이에 백의보살[白衣大士]의 진신이 머물러 있는 곳이므로 이를 빌어서 이름 지었다.

[그가] 재계(齋戒)하고 7일째에 좌구(座具)를 새벽 물 위에 띄우니, 용천(龍天)과 8부(八部) 시종이 굴속으로 끌고 들어갔다. 공중을 향하여 예배를 올리니 수정염주 한 관(貫, 줄로 꿴 것)을 내어주므로 의상은 옷 속에 받아 지니고 물러났다. 동해(東海)의 용 역시 여의보주 한 과(顆, 알)를 바치므로 법사가 받들고 나왔다.

다시 7일을 재계하고 나서 곧 [관음의] 진용을 보았다. [관음이] 말하기를, "자리 위의 산정(山頂)에 한 쌍의 대나무[雙竹]가 솟아날 것이니, 그 땅에 불전을 지음이 마땅하리라."고 하였다. 법사가 그 말을 듣고 굴 밖으로 나오니, 과연 대나무가 땅에서 솟아 나왔다. 이에 금당을 짓고 소상(塑像)을 만들어 안치하니, 원만한 모습과 고운 자질은 엄연하여 하늘이 낸 듯하였다. 그 대나무는 다시 들어갔다. 그제야 이곳이 진신의 주처임을 알았다. 이로 인해 그 절 이름을 낙산이라고 하고, 법사는 받은 두 구슬을 성전에 모셔두고 떠났다.

의상 스님은 중국 지엄(智儼, 602-668) 스님 밑에서 공부하고 668년 7월에 『화엄일승법계도』를 지었다. 그해 10월 29일에 스승이 입적하자 신라로 귀국을 준비한다. 위 내용은 귀국하여 대비의 진신이 산다는 동쪽 해안가를 참례하고 관음보살을 만나고자 발원하여 수행하는 장면이다.

관음보살을 뵙고자 발원한 의상 스님은 용천과 팔부의 시종에게 이끌려 바닷가 동굴로 들어가게 된다. 동굴로 들어간 의상은 관음보살의 징표인 수정염주를 받아 나온 뒤 동해의 용이 주는 여의보주도 받는다. 의상 스님이 불전을 짓자 산꼭대기에 솟았던 한 쌍의 대나무가 다시 땅속으로 들어간다. 이렇게 관음보살을 보았다고 하여 낙산이라고 이름 지었다. 낙산은 28번째 선지식의 주처인 보타낙가산을 줄인 말이며, 관음보살이 머무는 곳을 나타낸다.

동쪽 해안가와 모래, 좌구를 물에 띄우니 천룡팔부가 끌고 들어가는 동굴, 관음보살을 친견하여 받은 수정염주 등의 이야기 전개는 하방의 나뭇가지에서 얻은 열매로 만든 염주를 수지했을 때와 같은 공능의 이미지이다. 비로자나여래의 지명장의 유가(瑜伽) 가르침이기에 가능하다. 수정염주는 비할 곳이 없는 깨끗함과 맑음의 상징이다. 〈고려수월관음도〉

속의 염주는 비로자나불의 광명을 수정 속에 홍색으로 그려 놓은 것이다. 최고의 증험은 불모(佛母)인 존나보살과 같이 해동화엄의 초조로서 경애를 얻은 것이다.

의상 스님이 낙산에 절을 창건한 이야기에서 대나무에 대한 인식이 변화한다. 수월관음도에 등장하는 대나무는 서하(西夏, 1038-1227)미술이나 중국 고사도(高士圖) 또는 신선도(神仙圖)의 영향을 받았다는 주장이 있다. 그러나 낙산의 수정염주 이야기만큼은 『동문선』(1478)과 『신증동국여지승람』(1530)으로 전해진다. 『동문선』의 낙산사(洛山寺)라는 시(詩)는 『삼국유사』「낙산이대성관음정취조신」의 야기기보다 더 정형화된 형식을 취하고 있다. 지은이가 승려 석익장(釋益莊)으로 되어 있지만 『신증동국여지승람』 강원도 불우(佛宇)편 낙산사(洛山寺)에서는 유자량(庾資諒)이 지었다고 적고 있다.

『동문선』에 쓰여 있는 낙산사란 시이다.

낙산사(洛山寺)

_석익장(釋益莊)

海岸高絶處   해안 높이 깎아지른 곳에

中有洛迦峯	그 가운데 보타낙가산의 봉우리가 있네
大聖住無住	대성(大聖)은 머무르나 머무름이 없고
普門封不封	보문(普門)은 봉하려고 하나 봉할 수 없네

明珠非我欲	명주(明珠)는 내가 바라는 것은 아니지만
靑鳥是人逢	청조(靑鳥)는 사람이 만나고자 하네
但願洪波上	단지 원(願)만이 넓은 파도 위를 크게 하지만
親瞻滿月容	스스로 둥근 달의 얼굴을 우러르네

'해안고절처(海岸高絶處)'는 관음보살의 주처인 보타낙가산을 상징하며, 송(宋)과 고려에 공통적인 인식으로 쓰이던 표현이다. 이 시에서는 대구법으로 다양한 이미지를 만들어 낸다. 대성(大聖)과 보문(普門)은 화엄사상을 나타내는 용어인데 대구로 사용한다. 명주 빛의 붉음과 청조의 푸름은 시각적인 대비효과를 극대화한다. 또 파도의 위와 달의 얼굴도 대구의 형식이다. 대구법은 한시 작법에 전형적으로 쓰이는 표현법이지만, 고려 문인들이 능숙하게 사용하던 형식이다.

이 시에서 주의 깊게 살펴야 할 점은 의상 스님의 설화에 등장하던 대나무가 보이지 않는다는 점이다. 대신 파랑새[靑鳥]가 새로이 나타난다. '청조(靑鳥)'는 파랑새 또는 앵무새로 번역하지만 수월관음도를 해석하는 새로운 관점이 필요하다. 사실 청조에 대하여 도상이 먼저인지 시가 먼저인지 현재로선 결정하기 어렵다. 그래도 연원을 밝히려는 노력은 있었다.

존나보살은 상징성으로 불모(佛母)의 뜻을 가지기도 하지만, 불보살이 가르치고자 하는 법을 의미하기도 한다. 부처님의 법, 대나무, 새라는 3가지 요소가 결합하는 곳은 부처님의 설법장소에 나타난다. 이에 부합하는 설법장소가 경전에서 두 곳 정도 찾아진다. 『대반야경』이 설해지는 곳과 『불본행집경』에서 가란타조가 사는 죽림의 이야기이다.

『대반야경』 제16분에서 여섯 번째 바라밀은 왕사성 죽림원에 있는 백로가 사는 연못[白鷺池] 옆에서 설해진다. 설법은 무엇을 반야바라밀이라고 하는지, 어떤 보살이 반야바라밀을 닦는지, 어떤 보살이 반야바라밀을 원만하게 하는지, 어떤 보살에게 악마가 침입 못 하는지 등에 대한 질문에 답하는 내용이다. 『일체경음의』에서 이 백로를 자세하게 묘사하여 설명하고 있어 참고할 만하다. 백로의 크기는 닭만 하고, 다리는 푸른데 길이는 1척 7·8푼이며, 꼬리는 매와 같고, 부리의 길이는 3치 남짓하다. 이마와 등에 긴 털이 있으며 길이는 한 자 남짓하며, 가지런하지 않다. 그리고 설법장소인 백로지라는 이름은, 연못 가운데 새가 많았기 때문에 붙여졌다. 그리고 왕사성 북쪽 갈란탁카 죽림원 안에 있어 백로지라고 불렀다고 한다.

『불본행집경』은 왕사성 가란타조(迦蘭陀鳥) 죽림(竹林)에서 설법한 이야기이다. 『법원주림』 천불편(千佛篇) 성도부(成道部)에서는 이 이야기가 부처님의 깨달음 모습으로 다루어진다. 가란타조 이야기는 사슴이 항상 뛰어놀기 때문에 시녹림(施鹿林)으로 불리며, 초전법륜을 가리킨다. 갈란탁가(羯蘭鐸迦) 장자가 왕사성(王舍城)의 죽림원(竹林園) 안에 못을 파서 가란탁가새를 놀게 하였기 때문에 시가란탁가못이라 하고, 또 시녹림이라고 부르게 되었다. 가란탁가새의 모양은 까치[鵲]와 비슷하다. 범자를 음사한 것이라 여러 가지 이름이 있지만, 번역하면 호성조(好聲鳥)란 뜻이다.

대나무 숲과 가란타조의 새 이야기는 설법 장소에 대한 설명에서 비롯된 것을 알 수 있다. 시에서는 대나무가 사라지고 청조를 등장시켜 강조한다. 단지 흰색의 백로가 푸른색의 청조로 바뀌었을 뿐이다. 새의 좋은 목소리는 부처님의 설법과 해동화엄의 초조인 의상 스님을 등치시킬 수 있다. 청색은 동쪽에 있는 신라를 가리키는 말로 청구(青丘)의 다른 상징이다. 의상 스님의 낙산설화는 염주인 명주(明珠)를 통해서 부처님의 가르침이 신라에서 고려와 조선으로 이어지는 하나의 매개체임을 알 수 있다.

염주는 처음에 불법승 삼보를 칭명하는 횟수를 세는 수주로 시작하였다. 새로운 경전이 번역되며 밀교의 수법이 유행하게 된다. 이에 따라 염송할 때 반드시 사용해야 하는 관상의 도구로 변화한다. 염주는 아미타불과 관음보살을 상징하며, 보리수염주의 공덕은 생명을 연장하기도 한다. 그리고 비로자나불의 법신은 다양한 모습으로 나타난다. 오불, 관음보살, 금강수보살, 명왕 내지는 불모까지 변현한다. 〈고려수월관음도〉에 그려진 염주는 문수동자의 선지식인 관음보살의 지물인 동시에 불모의 개념으로 이해된다. 부처님의 설법이며 해동초조인 의상 스님의 선양이다. 그리고 이러한 한국불교의 염주에 대한 이해는 고려에서 조선으로 전개되었다. 그 원천은 「낙산이대성관음정취조신」에서 주인공인 의상 스님이 동굴에 들어가 수정염주를 얻는 이야기에서 시작되었다. 그리고 고려불화에 등장하는 청조는 염주 공덕을 넘어 한국불교의 상징으로 자리를 잡는다.

11 | 무학산 노스님의
염주 만들기

보리수나무를 도솔암으로 옮긴 이야기

　마산시(현 창원시) 무학산 기슭에 자리 잡은 도솔암(주지 정묘 스님)에서는 전통적인 방법으로 보리자염주를 직접 제작하고 있다. 경전에서 설명하는 염주의 의미를 잘 유지하고 있으며, 판매를 목적으로 하지 않는다. 제작한 염주는 인연이 있는 참선수행자에게 보시한다. 염주가 신앙이 아닌 수행의 전통을 보존하고 있는 이유이다.

　현재 도솔암 도량에는 3그루의 보리수가 있는데, 이 나무에서 떨어진 열매를 일일이 주워서 껍질을 까고 다듬는다. 알 하나하나에 구멍을 뚫어 실을 꿰고, 마지막에 매듭을 지어 정성스럽게 제작한다. 가을부터 겨울까지 이어지는 작업은 지루하기 짝이 없다. 처음에는 겨울 내내 부지런히 만들어도 염주 20여 구(具)를 넘지 못했다고 한다.

우연히 근대불교기록사진을 조사할 기회가 있어 도솔암을 방문하게 되었다. 이때 도솔암에서 전통적인 방법으로 염주를 제작한다는 사실을 알게 되었다. 이를 계기로 「염주 수행의 변용과 의미 연구」(2021)를 발표하였다. 그리고 2025년 3월 9일에 다시 도솔암을 찾았다. 도솔암 도량에 있는 보리수나무에 대한 인연을 기록하고, 염주를 제작하게 된 동기와 과정을 자세하게 담아내기 위해서이다. 그리고 염주에 관한 절차를 체계화하여 의궤를 정하고, 발원문 형식도 갖추기 위해서이다.

도솔암의 위치와 인터뷰한 내용을 정리하면 다음과 같다.

도솔암은 마산시 지산동 무학산(높이 761.4미터) 중턱 멀리 바다가 보이는 곳에 터를 잡고, 1955년에 창건하였다. 정묘(靜妙) 스님이 주지로 부임하며, 1980년부터 대웅전을 중창하였고, 그리고 대웅전 앞 3층 석탑을 조성하였다. 전각으로는 보림선원(菩林禪院)과 향적당(香積堂)이 있고, 대웅전 뒤에는 산신각 등이 있다.

도솔암 주변에는 본래 보리수나무가 없었다.

약 40여 년 전, 양산 내원사 요사채를 지을 때였다. 이때 터를 다지기 위해 보리수를 잘라냈다고 한다. 정묘 스님은 버리는 작은 것 중에 몇몇 개를 가지고 와서 옮겨 심었다. 5그루 정도였다고 한다. 이후 석종사 해국 스님께서 1그루를 캐서 옮겨 심었으나 추운지 죽었다는 이야기를 전해 들었다. 남은 4그루 중 1그루가 또 죽고, 나머지 3그루가 성장하였다. 얼마간의 시간이 흐르자 보리수나무는 열매를 맺기 시작하였다.

염주를 만들기 시작한 것은 25년도 더 된 것 같다고 기억하고 있다. 내원사 주변에는 그때 자르지 않은 보리수가 현재도 그대로 있다고 한다.

도솔암 도량의 보리수
(2025년 3월 9일 촬영)

금산사 대웅전 앞 보리수
(2025년 6월 25일 촬영)

염주 만드는 법은 어려서 문경 김용사에 살 때 배웠다고 한다. 누가 가르쳐준 것이 아니라 어른 스님 뒤에서 어깨너머로 배우게 되었다. 그때는 어려서 염주가 뭔지도 잘 몰랐다. 어른 스님들이 보리수 열매를 주워서 보리쌀 씻는 그릇에 씻고, 돌에 갈아서 염주 만드는 것을 보았다. 이때 배운 것을 기억하고 있어 지금도 그대로 하고 있단다.

　대웅전 앞에 있는 돌절구에 보리수 열매를 넣어 갈아내고 비비면, 또렷한 하얀색 줄이 나타난다. 이것을 오래도록 손으로 굴리며 사용하면 염주알은 붉은 가사 색으로 변한다. 이것은 도솔암 보리수 열매의 특징이라고 한다. 돌절구는 팔공산에서 만들었다.

하얀색 줄이 또렷한 도솔암의 염주알

　정묘 스님은 상좌인 지밀 스님이 학교에 다닐 때, 혼자서 염주를 만들었던 기억이 난다고 한다. 또 정묘 스님은 염주를 준 스님 중에 안양 의왕 지장암에 계시는 법중 스님과 선혜 스님이 기억에 남아 있다고 하신다. 법중 스님에게는 1,000주의 염주를 드리고, 선혜 스님에게는 180염주를 드렸다.

　지금 도솔암 두 스님은 본의 아니게 분업을 한다. 어른 스님께서 연세가 많아 염주에 구멍 뚫는 작업을 하기가 어렵기 때문이다. 상좌인 지밀 스님이 껍질을 까고 다듬은 다음에 보리수 열매에 구멍을 뚫는다. 그러면 어른 스님은 이를 받아 108주의 염주나 혹은 1,000주의 염주를 붉은 실에 꿰어 매듭을 지어놓는다. 가을부터 겨울까지 염주 만드는 작업은 계속된다.

　2025년 5월 10일 의왕 지장암에 주석하고 계시는 법중 스님을 뵙고, 당시 받은 염주를 직접 실견하였다.

법중 스님의 1,000염주

법중 스님의 108염주

염주 만드는 모습

도솔암에서 염주 만드는 과정은 다음과 같다. 준비물과 제작 과정으로 나누어 정리하였다.

|준비물|

- 껍질을 벗기기 위한 돌절구와 절구공[몽돌]
- 합사한 오색실이나 붉은 홍색의 실, 바늘
- 구멍 뚫을 드릴, 송곳
- 열매를 크기에 따라 분류해 놓을 그릇

껍질을 벗겨서 말린 열매

작업대 모습

구멍을 뚫는 드릴과 송곳

오색사 및 색실

· 발원문

| 만드는 과정 |

전체 과정은 다음과 같이 7단계로 이루어지며, 마지막에 불보살에게 공양하면 수주로서 상(相)을 갖추게 된다. 공양할 때 염주는 뱀이 똬리를 틀고 있는 모양의 원단(圓壇)으로 놓는다.

擇財 → 鑽 → 磨 → 穿 → 貫 → 洗 → 供養

① 택재(擇財): 나무와 열매를 선택하는 법

도량을 거닐거나 나무를 보면, 항상 좋은 상이 나타나기를 기도한다. 진언으로 나무를 가지(加持)하고, 자신을 옹호한다. 진언은 21번 염송한다.

② 찬(鑽): 열매 모으기

나무 열매가 떨어지면, 깨끗하고 고른 것을 모아서 말린다. 해충이 먹었거나 썩었거나 찌그러진 것은 버린다. 항상 열매를 얻는 나무를 가지하고 자신을 옹호한다. 열매 줍는 일을 시작할 때와 끝낼 때 반드시 진언을 염송한다.

③ 마(磨): 갈아내기

깨끗한 곳을 마련하여, 열매를 낱낱이 깨끗하게 하고, 정성을 다하여 고르게 껍질을 벗긴다. 보리수 알을 모아서 돌절구를 이용하여 가지런히 옥같이 곱게 갈아낸다. 이때 진언을 5편, 7편, 21편을 한다.

발원은 '지금 某를 위한 일입니다'라고 한다.

잘 말려서 열매알을 크기에 따라 분류해놓는다.

대웅전 앞에 놓여 있는 돌절구와 몽돌

크기에 따라 분류해놓은 열매

④ 천(穿): 구멍 뚫기

껍질을 벗기고 말린 보리수 열매에 구멍을 뚫는다. 이것이 수주알의 주체(珠體)를 만드는 것이다. 이때도 진언을 염송한다.

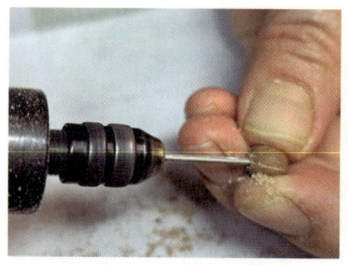
열매에 구멍을 뚫는 모습

구멍을 뚫은 후의 모양

모주에 구멍 뚫기

실로 염주알을 꿰는 모습

⑤ 관(貫): 실 꿰기

붉은 홍색(또는 오색사) 실로 꿰어 하나의 염주를 완성한다. 구멍에 실을 꿸 때는 마음을 한곳에 집중하여 산란하지 않게 한다. 1,000주의 염주나 108주의 염주와는 별도로 기자 염주도 만든다.

⑥ 세(洗): 씻기

완성된 염주는 깨끗한 흙으로 씻은 뒤 깨끗한 물로 씻

고, 오향의 향탕으로 씻는다. 그리고 상품의 향으로 문질러서 말린다. 도솔암에서는 염주알을 부드럽게 하기 위해서 잣기름을 바른다.

모주에 실 꿰기

실 꿰기가 끝난 염주

⑦ 공양(供養): 성취 결정, 원단(圓壇)을 시설

염주가 완성되면 원단이나 전상의 모습으로 상단에 올려놓고 공양을 올린다.

완성된 108주의 염주와 기자염주

| 염주 구성의 의미 |

염주의 모주는 아미타불을 의미하고, 염주알은 관세음보살을 나타내며, 엄지손가락으로 끊어서 돌리는 것은 번뇌를 끊는 모습이다. 붉은색의 실은 비로자나불의 광명이며, 실이 하나인 것은 무한한 보살행을 뜻한다. 끊어 돌릴 때 불을 칭명하고 불을 관상하여 모두 하나가 된다.

정성껏 염주를 만드는 도솔암 스님들

11. 무학산 노스님의 염주 만들기

| 미주 |

1 비구6물: 弗若多羅, 『十誦律』, T23, 202쪽 하.
七法中衣法第七之下 "憍薩羅國一住處一比丘死 是比丘衣物處處寄 是比丘衣物現前僧分竟 僧問是看病比丘 誰供養瞻視 答言 我等 僧言 汝等彼處處所寄處衣索取 諸瞻病人往索不得 便起鬪諍相言 以是事白佛 佛言 現前六物先與看病人 餘輕物僧應分 重物不應分 憍薩羅國一住處一比丘死 是比丘多衣多鉢多財物不知 是比丘受何等僧伽梨 何等欝多羅僧 何等安陀會 何等鉢 何等漉水囊 何等尼師檀."

2 비구13자구: 義淨, 『根本說一切有部目得迦』, T24, 447쪽 하.
"第四子攝頌室利笈多之餘 苾芻不知何者是十三資具衣 佛言 一僧伽胝 二嗢咀羅僧伽 三安咀婆娑 四尼師但那 五裙 六副 裙七僧脚敧 八副僧脚敧 九拭面巾 十拭身巾 十一覆瘡衣 十二剃髮衣 十三藥直衣 是名十三資具衣."

3 낙산이대성관음정취조신: 一然, 『三國遺事』, H06, 330쪽 하.
塔像 洛山二大聖觀音正趣調信 "昔義湘法師始自唐来還 聞大悲真身住此海邊崛內 故因名洛山 蓋西域寶陁洛伽山 此云小白華 乃白衣大士真身住處故借此名之 齋戒七日浮座具晨水上 龍天八部侍從引入崛內 叅禮空中出水精念珠一貫給校勘 湘領受而退 東海龍亦獻如意寶珠一顆師捧出 更齋七日 乃見真容 謂曰 於座上山頂雙竹湧生 當其地作殿宜矣 師聞之出崛 果有竹從地湧出 乃作金堂塑像而安之 圓容麗質儼若天生 其竹還沒 方知正是真身住也 因名其寺曰洛山 師以所受二珠鎮安于聖殿而去."

| 참고문헌 |

약호
H: 한국불교전서
T: 대정신수대장경

DB류
동국대학교 불교기록문화유산 아카이브: https://kabc.dongguk.edu/
中華電子佛典協會: CBETA 電子佛典
한국고전종합DB: https://db.itkc.or.kr/

대장경류 및 전적류
闍那崛多,『佛本行集經』, T03.
道誠,『釋氏要覽』, T54.
道世,『法苑珠林』, T55.
般若, 40권본『大方廣佛華嚴經』, T10.
般若三藏,『大方廣佛華嚴經』, T10.
法賢,『佛說持明藏瑜伽大教尊那菩薩大明成就儀軌經』, T20.
寶思惟,『佛說校量數珠功德經』, T17.
不空,『金剛頂瑜伽念珠經』, T17.
弗若多羅,『十誦律』, T23.
佛馱跋陀羅, 60권본『大方廣佛華嚴經』, T9.
佛馱跋陀羅,『大方廣佛華嚴經』, T09.
徐居正 등,『東文選』.

善無畏,『蘇悉地羯囉經』, T18.
盛熙明,『補陀洛迦山傳』, T51.
失譯,『佛說木槵子經』, T17.
實叉難陀, 80권본『大方廣佛華嚴經』, T10.
阿地瞿多,『佛說陀羅尼集經』, T18.
圓照(唐),『貞元新定釋教目錄』, T53.
義湘,『華嚴一乘法界圖』, H02.
義淨,『根本說一切有部目得迦』, T24.
李奎報,『東國李相國全集』.
李荇 등,『新增東國輿地勝覽』.
一然,『三國遺事』, H06.
宗鑑,『釋門正統』, 卍續藏經 75.
志磐,『佛祖統紀』, T49.
澄觀,『大方廣佛華嚴經疏』, T35.
天息災,『大方廣菩薩藏文殊師利根本儀軌經』, T20.
赫連挺,『大華嚴首座圓通兩重大師均如傳 幷序』, H04.
玄奘,『大般若波羅蜜多經』, T54.
慧琳,『一切經音義』, T54.

단행본 및 논문

Benoytosh Bhattacharyya,『The Indian Buddhist Iconography』, New Delhi; Aryan Books International, 2008.

Monier William,『Sanskrit-English Dictionary』, Oxford University Press, 1899.

Robert Beer,『Tibetan Buddhist Symbols』, Boston; Shambhala, 2003.

강향숙,「『『헤와즈라 딴뜨라』 만다라의 관상(觀想)수행 연구-『금강정경』과의 관련을 중심으로」, 동국대 박사학위논문, 2011.

국립청주박물관,『청주 사뇌사 금속공예』, 국립청주박물관, 2015.

立川武藏 저; 김구산 역,『曼荼羅의 神들-佛敎의 아이코놀로지』, 東文選, 1991.

박도화,「고려불화와 서하불화의 도상적 관련성-아미타삼존내영도와 자비도장참법변상도를 중심으로」, 한국대학박물관협회,『고문화』 vol.50, 1998.

안넬리제·페터 카일하이어 저; 김재성 옮김,『힌두교의 그림언어』, 東文選, 2008.

이선이,『낙화법과 수구즉득다라니』, 경인문화사, 2025.

_____(태경),『조상경-불복장의 절차와 그 속에 담긴 사상』, 운주사, 2006.

_____,「불복장의식에 나타난 오방색과 채색의(彩色義)에 관한 시론」, 명지대학교 문화유산연구소,『미술사와 문화유산』 창간호, 2012.

_____,「염주(念珠)수행의 변용과 의미 연구」, 불교의례문화연구소,『무형문화연구』 vol.4, 2021.

_____,「이규보의『동국이상국집』영색시(詠色詩)에 나타난 색채관과 특징」, 온지학회,『온지논총』 vol.61, 2019.

_____,「한국 佛敎傳統色의 始原 연구-『三國史記』色服條와 職官條를 중심으로」, 연세대학교 국학연구원,『동방학지』 vol.181, 2017.

정우택 등,『고려시대의 불화』, 시공사, 1996.

조수연,「高麗時代 水月觀音菩薩圖 圖像 硏究」, 동국대학교 대학원, 박사학위, 2015.

해주,『화엄의 세계』, 민족사, 1998.

和久博隆 編著,『佛敎植物辭典』, 東京; 國書刊行會, 1982.

黃金順,「西夏 水月觀音圖의 圖像 해석」, 불교미술사학회,『불교미술사학』 vol.12, 2011.

| 부록 - 경전 원문 |

석씨요람(T54, p.278c21)

釋氏要覽

道誠 集

道具
道具 中阿含經云 所蓄物 可資身進道者 即是增長善法之具 ○ 菩薩戒經云 資生順道之具 …… (생략)

數珠 牟梨曼陀羅呪經云 梵語鉢塞莫 梁云數珠 此乃是引接下根牽課 修業之具也

○ 木槵子經云 昔有國王名波流梨 白佛言 我國邊小 頻年冠疫穀貴民困 我常不安 法藏深廣 不得遍行 惟願垂示法要 佛言大王若欲滅煩惱 當貫木槵子一百八箇 常自隨身 志心稱南無佛陀南無達磨 南無僧伽名 乃過一子 如是漸次 乃至千萬 能滿二十萬遍 身心不亂 除諂曲 捨命得生炎摩天 若滿百萬遍 當除百八結業 獲常樂果 王言我當奉行

(百八結者 小乘見修合論煩惱共有一百八數且明見惑三界四諦下煩惱共有八十八 謂苦下具一切即十使 貪瞋癡慢疑身邊見邪見取戒禁取也 集滅離三見謂集滅二諦下各除身邊耶三見也 道除於二見 謂道諦除身邊二見也 上界不行恚謂上界四諦下各除瞋一 已上三界四諦共有八十八也 修道所斷惑欲界有四謂貪瞋癡慢上二界各除瞋共有六已上成十計九十八也 更加十纏謂無慚無愧昏沈惡作惱嫉掉擧睡眠忿覆合前都有一百八也)

○ 曼殊室利校量數珠經略云 其數珠體種種不同校量 乃至槵子掐一遍 得福

千倍 蓮子得福萬倍 水精得福千億倍 若菩提子或掐 或手持得福無量
(彼經廣有說文。繁不具錄)

불설목환자경(T17, p.726a11)

佛說木槵子經

失譯人(今附東晉錄)

聞如是
一時 佛遊羅閱祇耆闍崛山中 與大比丘衆一千二百五十人俱 菩薩無數 名稱遠聞 天人所敬

時 難國王名波流離 遣使來到佛所 頂禮佛足 白佛言 世尊 我國邊小 頻歲寇賊 五穀勇貴 疾病流行 人民困苦 我恒不得安臥 如來法藏多 悉深廣 我有憂務 不得修行
唯願 世尊 特垂慈愍 賜我要法 使我日夜 易得修行 未來世中 遠離衆苦

佛告王言 若欲滅煩惱障報障者 當貫木槵子一百八 以常自隨 若行若坐若臥 恒當至心無分散意 稱佛陀 達摩 僧伽名 乃過一木槵子 如是漸次度木槵子 若十若二十百若千 乃至百千萬
若能滿二十萬遍 身心不亂 無諸諂曲者 捨命得生第三焰天 衣食自然 常安樂行
若復能滿一百萬遍者 當得斷除百八結業 始名背生死流 趣向泥洹 永斷煩惱根 獲無上果

使還啓王 王大歡喜 遙向世尊 頭面禮佛云 大善 我當奉行
卽勅吏民 營辦木槵子 以爲千具 六親國戚 皆與一具 王常誦念 雖親軍旅 亦不廢置

又作是念 世尊大慈 普應一切 若我此善 得免長淪苦海 如來當現我身 爲我說法 願樂迫心 三日不食

佛卽應形 與諸眷屬 來其宮內 而告王曰 莎斗比丘誦三寶名 經歷十歲 得成斯
陁含果 漸次習行 今在普香世界 作辟支佛
王聞是已 倍復修行

佛告阿難 何況能誦三寶名 經歷萬數 但能聞此人名 生一念隨喜者 未來生處
常聞十善
說是法時 大衆歡喜 皆願奉行

불설다라니집경(T18, p.800a04/p.802c21)

佛說陀羅尼集經

阿地瞿多 譯

阿彌陁佛大思惟經說序分 第一
爾時 觀世音菩薩白佛言 世尊 若四部衆及苾芻 苾芻尼 優婆塞 優婆夷 一切衆
生 修行善法 得生阿彌陁佛國 幷見彼佛云何而得

佛告觀世音菩薩言 若四部衆欲生彼國者 應當受持阿彌陁佛印幷陁羅尼 及作
壇法 供養禮拜 方得往生彼佛國土 若四部衆以衆華散阿彌陁佛 發願誦呪者
得十種功德

何者爲十 一者自發善心 二者令他發善心 三者諸天歡喜 四者自身端正 六根
具足 無有損壞 五者死生變成寶地 六者生生世世 生於中國 及貴姓中生 値佛
聞法 不生邊地 及下姓中 七者成轉輪王 王四天下 八者生生世世 常得男身 九
者得生阿彌陁佛國七寶華上 結加趺坐成阿毘跋致 十者成阿耨多羅三藐三菩提
坐於七寶師子座上 放大光明 與阿彌陁佛等無有異也 是名十種散華功德 ……
(생략)

又若欲得生彼國者 亦更以泥作阿彌陁佛像十萬軀 滅罪死生阿彌陁佛國

日日供養時 以金作數珠 若無用銀若無銀者用赤銅 無赤銅者用水精 數一百八枚 無者五十四枚 更無者四十二枚 更無者二十一枚

如此等珠 拑之誦呪時 以珠爲十波羅蜜多 以念佛誦呪爲阿耨多羅三藐三菩提 若作阿彌陁佛供養時 應用上件物等作珠 餘物不得 若作餘雜物者 一切不得驗 其中最好者 以水精作數珠誦呪者 衆罪皆滅 如珠映徹 自身亦然 此水精珠者 通用一切佛 菩薩 金剛 天等法……(생략)

佛說作數珠法相品
爾時 佛告 苾芻苾芻尼 優婆塞迦優婆斯迦 諸善男子善女人等

當發心誦阿彌陀經 念阿彌陀佛 及誦持我三昧陀羅尼祕密法藏神印呪者 欲得成就往生彼國 及共護念一切眾生 復能苦行至心受持 日日供養 一心專在莫緣餘境

若誦經念佛持呪行者 一一各須手執數珠
依阿彌陀佛三昧教說 復依如此一切陀羅尼 諸佛菩薩金剛天等法中所出 其數皆須具諸相貌 其相貌者有其四種 何者為四 一者金 二者銀 三者赤銅 四者水精 其數皆滿一百八珠 或五十四 或四十二 或二十一亦得中用 若以此等寶物數珠 拑之呪誦經念佛諸行者 等得十種波羅蜜功德滿足 現身即得阿耨多羅三藐三菩提果

其四種中水精第一 其水精者 光明無比淨無瑕穢 妙色廣大 猶若得佛菩提願故 洞達彼國一如珠相 以是義故稱之為上

把其珠拑 亦能除滅念誦行者 四重五逆眾罪業障所有報障 一切惡業不能染著 為珠光明不受色相

若人常行念佛法者 用木槵子以為數珠
若欲誦呪受持人者 用前四色寶為數珠
若作菩薩呪法業者 用菩提子以為數珠 若無 可用蓮華子充
若作火頭金剛業者 用肉色珠以為數珠

此等數珠皆合法相 是故我以此法 護念世間持法行者
是眾會中一切菩薩摩訶薩金剛天等 聞佛所說數珠法已 莫不歡喜 同時稱善

佛言 若人欲作法相數珠 先喚珠匠 莫論價直 務取精好 其寶物等皆須未曾經餘用者 一一皆須內外明徹無有破缺 圓淨皎潔 大小任意

與其珠匠先受八齋 香湯洗浴 著新淨衣 與作護身 嚴一道場 懸諸幡花 以香水埿一小壇子
日日各以香華供養 又著一兩盤餅果供養 又復夜別各然七燈 作是相珠一百八顆 造成珠已

又作一金珠以為母珠 又更別作十顆銀珠 以充記子

此即名為三寶法相 悉充圓備 能令行者掐是珠時 常得三寶加被護念 言三寶者 所謂佛寶法寶僧寶
以此證驗 何慮不生西方淨土 作是珠已

於此壇中 更以種種香水洗珠 又著七盤食 然三七燈 請佛般若菩薩金剛及諸天等 仰啟供養 稱讚三寶威神力故 種種法事皆有効驗

然後持行隨身備用 一切諸惡不相染著 一切鬼神共相敬畏 是故福力具足成辦功德滿願 是名數珠祕密功能 其阿彌陀佛陀羅尼印呪 有八萬四千法門 於中略出此要 如如意寶
以上阿彌陀佛法竟 依法行之福無限也

불설교량수주공덕경(T17, p.727a17)

佛說校量數珠功德經

寶思惟 譯

爾時 文殊師利法王子菩薩摩訶薩 為欲利益諸有情故 以大悲心 告諸大衆言

汝等善聽 我今演說 受持數珠 挍量功德 獲益差別 若有誦念諸陁羅尼及佛名者 爲欲自利 及護他人 速求諸法 得成驗者 其數珠法 應有如是 須當受持

若用鐵 爲數珠者 誦掐一遍 得福五倍
若用赤銅 爲數珠者 誦掐一遍 得福十倍
若用眞珠珊瑚等 爲數珠者 誦掐一遍 得福百倍
若用木槵子 爲數珠者 誦掐一遍 得福千倍 若求往生諸佛淨土 及天宮者 應受此珠
若用蓮子 爲數珠者 誦掐一遍 得福萬倍
若用因陁囉佉叉 爲數珠者 誦掐一遍 得福百萬倍
若用烏嚧陁囉佉叉 爲數珠者 誦掐一遍 得福千萬倍
若用水精 爲數珠者 誦掐一遍 得福萬萬倍
若菩提子 爲數珠者 或用掐念 或但手持 數誦一遍 其福無量 不可算數 難可挍量 諸善男子 其菩提子者

若復有人 手持此珠 不能依法 念誦佛名及陁羅尼 此善男子 但能手持 隨身行住坐臥 所出言語 若善若惡 斯由此人 以持菩提子故 得福等同 如念諸佛誦呪無異 獲福無量
其數珠者 要當須滿一百八顆 如其難得 或爲五十四 或二十七 或十四 亦皆得用 此卽數珠法相差別

諸善男子 以何因緣 我今獨讚用菩提子 獲益最勝
諸人善聽 我爲汝等重說
昔因過去 有佛出現於世 在此樹下 成等正覺
時 一外道 信邪倒見 毀謗三寶 彼有一男 忽被非人打殺
外道念言 我今邪盛 未審諸佛有何神力 如來旣是在此樹下 成等正覺 若佛是聖 樹應有感

卽將亡子 臥著菩提樹下
作如是言 佛樹若聖 我子必蘇
以經七日 誦念佛名 其子乃得重蘇
外道讚言 諸佛神力 我未曾見 佛成道樹 現此希奇 甚大威德 難可思議

諸外道等 悉捨邪歸正 發菩提心 信知佛力不可思議
諸人咸號爲延命樹 以此因緣 有其二名 應當知之 我爲汝等 視其所要

說此語已 佛言
善哉 善哉 文殊師利法王子 如汝所說 一無有異
一切大衆 聞此持珠挍量功德 皆大歡喜 信受奉行

금강정유가염주경(T17, p.727c09)

金剛頂瑜伽念珠經

不空 譯

爾時 毘盧遮那世尊告金剛手言 善哉 善哉 爲諸修眞言行菩薩者 說諸儀軌 則
哀愍未來諸有情等 說念珠功德勝利 由聞如是妙意趣故 速證悉地
時 金剛薩埵菩薩白佛言 唯然 世尊 我今爲說之
爾時 金剛薩埵菩薩而說偈言

珠表菩薩之勝果 於中間絶爲斷漏
繩線貫串表觀音 母珠以表無量壽

慎莫驀過越法罪 皆由念珠積功德
硨磲念珠一倍福 木槵念珠兩倍福
以鐵爲珠三倍福 熟銅作珠四倍福
水精眞珠及諸寶 此等念珠百倍福
千倍功德帝釋子 金剛子珠俱胝福
蓮子念珠千俱胝 菩提子珠無數福

佛部念誦菩提子 金剛部法金剛子
寶部念誦以諸寶 蓮花部珠用蓮子
羯磨部中爲念珠 衆珠間雜應貫串

念珠分別有四種 上品最勝及中下
一千八十以為上 一百八珠為最勝
五十四珠以為中 二十七珠為下類

二手持珠當心上 靜慮離念心專注
本尊瑜伽心一境 皆得成就理事法
設安頂髻或挂身 或安頸上及安臂
所說言論成念誦 以此念誦淨三業
由安頂髻淨無間 由帶頸上淨四重
手持臂上除眾罪 能令行人速清淨

若修真言陀羅尼 念諸如來菩薩名
當獲無量勝功德 所求勝願皆成就

加持念珠貫串之法 一如蘇悉地經 說其瑜伽經 但說其功能理趣 不說相應知

대방광보살장문수사리근본의궤경(T20, p.873a08)

大方廣菩薩藏文殊師利根本儀軌經

天息災 譯

數珠儀則品 第十二
爾時 世尊釋迦牟尼觀察諸淨光天眾 告妙吉祥童子言 妙吉祥 汝今諦聽 明眞言行修行行人 爲一切有情 持誦眞言 及諸經法平等成就法 數珠儀則一切眞言 汝當諦聽 深心諦受

爾時 妙吉祥童子聞是說已 白世尊言 善哉 世尊 願爲說彼一切眞言行 當令諸修行人及一切有情聞如是已 皆悉能令獲得三昧

爾時世尊告妙吉祥童子言妙吉祥 諦聽 諦聽 我今爲汝 分別廣說 所有一切樂

眞言行 諸有情等 若能淸淨受持一心專精 於一切義皆得成就 我今說最初眞言曰

曩莫三滿哆沒駄(引)喃引阿進怛野(二合引)訥部(二合)哆嚕閉敕(引) 怛儞也(二合)他(引)

唵(引)俱嚕俱嚕薩哩嚩(二合引)囉他(二合引)娑(引)駄野娑駄野薩哩嚩(二合引)努瑟吒(二合)尾謨(引)賀儞

誐誐曩(引)末羅濕呔(二合引)尾戍(引)駄野娑嚩(二合引)賀(引)

初睹珠樹 將欲收取 先當加持彼樹及擁護自身 須專注誠心念此眞言三十七徧 然於樹下 眠宿一夜 以求前相善惡之應

彼人若於夢中 見彼非人 現醜惡相 彼持課人如實知已 復更日日 於晨朝時 往彼樹下瞻觀 或更不見彼欲所採之珠 此者乃是大不吉相 彼持課人速 當遠離彼樹 往詣別處 求吉祥樹

珠樹數種 第一金剛子 第二印捺囉子 第三菩提子 第四槵子 及別樹等子具足者

彼上樹人每上樹時 心不迷倒 乃至身及杪枝 直至收得其子 此爲最上珠 我說此珠 爲最上用 得最上法成就
若至中枝 獲中等珠 得中法成就
若至下枝 獲下珠者 當成就最下果報 其子若是瘦屑 及有蟲蝕 皆不堪用

若得西枝子爲珠者 得法成就 當獲財富 若得北枝子 爲珠者 當得聖賢愛重 夜叉及一切部多 皆悉降伏 至於天人乃至乾闥婆 緊那羅 羅刹等 皆悉降伏 若依儀軌 作諸事業 一切正事皆得增益 復得一切成就所求皆得

若得東枝 復見彼枝 有果見在 若得彼子爲珠者 凡所修行持課行人 得持明成就 作種種事 皆得圓滿 專心受持 亦獲長壽

若得南枝 長而無葉 彼雖有子 不可爲珠 若爲珠者 害衆生命 故彼持課人當一心遠離 彼南枝 若不長及有葉 彼或有子堪爲珠者 彼持課人 亦須捨離 何以故

猶能殺冤家故 若捨而不取乃獲福無量

若得下枝 長而下指 乃至入地 彼枝有子得爲珠者 彼持課人 當依儀軌 專注受持 念誦者 凡是地中山間 所有空窟 有修羅住處 是持課人 皆悉能入 與修羅男女 同住於修羅宮中 經於一劫 受最上快樂

初於樹上 得珠子已 下樹之時 彼持課人誦前眞言 而作擁護

當求清淨之處 次第成作 或自或他 隨心所欲 隨彼遠近樂住之處 或恒住處

將欲辦造 宜先一一淸潔 身心專注 然執取珠子 鑽持磨瑩 一一逐件各念眞言 或三徧 或五徧 或二十一徧 誦眞言已 智者說言 今爲某事一一言述 呪願畢已 乃得珠體淸淨

復令童女合線 而用五色絲 合色如花鬘 或三合 或五合 隨珠所受 當須緊合 智者選子 切須勻好不得朽損及與缺減 竝須圓滿仍細爲上 彼菩提子 金剛子 印捺羅子 槵子等 及用別子一一揀選殊妙上等 彼持課人要當一心專注成辦 此外或用金銀 眞珠 水精 硨磲 瑪瑙 及以珊瑚種種諸寶 或用最上摩尼寶等 必須圓滿肥潤 勿令缺減

凡貫穿時 攝心專注 不得散亂 珠成之後 所有求願疾得靈應 若無前來諸色樹子珍寶等物 祇用吉祥草結作亦得

珠數不定 亦有三品 上品一百八 中品五十四 下品二十七 別有最上品 當用一千八十爲數 復有用金 銀 銅 鐵 鑰石 鈖 錫等鑄 或一種 二種 三種鑄成 唯求堅牢圓滿 勿令缺減 仍須光明瑩淨 如寶瓔珞

凡持課行人當須持戒清淨 然更就長流河水 及別淨水 淸淨澡浴竟 然將數珠先以淨土揩摩 後用水洗 然後復用五香水洗 復以上妙塗香及上色白栴檀香及恭俱摩等香水摩拭竟

彼持課行人 將此珠就詣佛像處 其佛像或塑或畫 當求最上嚴飾第一等像釋

迦牟尼佛人天之師 依於佛言 結其地界 安置佛像
於彼佛前 端身正坐 一心專注誦眞言一千八十徧 或一百八徧 以兩手捧奉上
本師釋迦牟尼佛 奉獻佛竟

祇於佛前 安置此珠 放此珠時 如圓壇相 或如蛇盤相纏相 彼持課行人至夜 祇
於佛前地上 布草眠宿 以求前相 若於夢中 得見佛及辟支佛 聲聞等相 彼人所
求 決定成就 若見童子 及見幼小童子種種相貌 復得施獻數珠 彼持課人於陁
羅尼 得一切成就 或別見善相 而於所求一切易得

불설지명장유가대교존나보살대명성취의궤경(T20, p.677b31)

佛說持明藏瑜伽大教尊那菩薩大明成就儀軌經

法賢 譯

大明成就分第一
爾時世尊言 此大毘盧遮那如來瑜伽大教 若有善男子 樂欲修習諸成就法者
應於是教尊那菩薩大明法中 一心專注精懃修習 於所願求無不成就

若有行人 欲作最上殊勝成就者 先於大海岸邊 誦尊那菩薩根本大明 造沙塔
六洛叉得數滿已 於所求事必獲成就
復次若欲求見觀自在菩薩 或多羅菩薩或金剛手菩薩等 如前修習 是諸菩薩
必為現身 安慰行人與滿所願 乃至或作敬愛等法 或求種種聖藥 或求阿蘇囉
王位 或求持明天位 如是之事必獲成就 若久久修習專注不退 乃至菩薩之位
亦可獲得 …… (생략)

觀智成就分第二
復次說造數珠法 或用菩提子或硨磲玻瓈等 當用一百八為數 用童女合線 以
二十一條合成一條穿珠 或持誦時以大拇指掐 每掐一珠一誦大明 其大明字亦
有三種 或用心月輪中大明字 或用頂禮微妙字 行人持誦時 志心專注勿暫懈
怠 …… (생략)

如是觀想已 次卽持誦 持誦之法亦有二種 一無相 二有相
無相持誦者先結禪定印 跏趺而坐 端身澄心 項頸微低 於鼻尖上 想出入息 非麤非細 不緩不急 心緣大明 專注持誦 勿令間斷 亦勿令心有所勞倦 如是持誦 名爲最上
有相持誦者卽持珠定數 每一持誦須及無數 直至獲得悉地 不得闕少一數 若闕一數 名爲間斷 於所求事 不獲成就
每欲持誦 先結數珠印 …… (생략)

염주의 역사와
수행 이야기

초판 1쇄 인쇄 2025년 9월 23일
초판 1쇄 발행 2025년 9월 30일

지은이	태경
발행인	원명

대표	남배현
본부장	모지희
편집	김옥자 손소전 박병익
디자인	정면
경영지원	허선아

펴낸곳	조계종출판사
주소	서울시 종로구 삼봉로 81 두산위브파빌리온 1308호
전화	02-720-6107
전송	02-733-6708
이메일	jogyebooks@naver.com
등록	출판등록 제2007-000078호.(2007. 04. 27.)
구입문의	불교전문서점 향전(www.jbbook.co.kr) 02-2031-2070

ISBN 979-11-5580-260-1 03220

· 책값은 뒤표지에 있습니다.
· 저작자의 허락 없이 일부 또는 전부를 복제·복사하거나 내용을 변형하여 사용하는 것을 금합니다.
· 이 책의 내용 전부 또는 일부를 사용하려면 반드시 저자와 출판사의 서면 동의를 받아야 합니다.

조계종
출판사 지혜와 자비의 눈으로 세상을 바라봅니다.